DÉPLIANT

20 authentic French brochures and leaflets for monolingual and bilingual exploitation in the classroom.

Exploitation monolingue et bilingue de documentation française authentique.

Edward Arnold

A division of Hodder & Stoughton

LONDON   BALTIMORE   MELBOURNE   AUCKLAND

© Kim Eyre 1988

First published in Great Britain 1988

British Library Cataloguing in Publication Data
Dépliant: Authentic French brochures
   and leaflets for monolingual and bilingual
   exploitation in the classroom . . .
   1. French language——For schools
   I. Eyre, Kim
   448
   ISBN 0-7131-7759-4

Designed by Don Martin
Typeset, printed and bound in Great Britain for Edward Arnold, the
educational, academic and medical publishing division of Hodder and
Stoughton Limited, Mill Road, Dunton Green, Sevenoaks, Kent by The
Alden Press, Oxford

Liste des Dépliants

Introduction

Dépliant is a collection of authentic French brochures, publicity leaflets and other such documentation for monolingual and bilingual exploitation in the classroom. The unedited realia cover a wide range of subjects and represent the kind of material that French people encounter in their everyday lives, thereby often inviting the reader to imagine that (s)he is French. The exploitation focuses on comprehension work in English and French – oral or written according to need and preference – and on language acquisition through activities such as 'mix and match' vocabulary exercises; spotting synonyms and antonyms; finding terms that correspond to definitions in the foreign language; rephrasing and restructuring groups of words; and other such exercises that train in the use of language. Assignments and tasks are set after this exploitation, treating the documents as springboards for activities such as rôle-playing, re-narrating, letter writing and developing scenarios.

Dépliant will be useful to GCSE students in the latter stages of their preparation for the higher grade reading comprehension, oral and creative writing examinations. Furthermore, those embarking on courses such as AO French Business Studies, AS French and some of the new A-level French syllabuses should also find it invaluable, as will anyone studying for the many different vocational diplomas in French that now exist. Above all, a stay in France will be less mystifying and even more rewarding, once familiarity with this kind of essential authentic material has been acquired.

My thanks go to Judith Brown at Edward Arnold and to Elisabeth Bolshaw and Carolyn Burch at Hodder and Stoughton for their work on the editing of *Dépliant*, as well as to my family for unceasing support and encouragement. As always, I am pleased to acknowledge the debt to my own pupils at Dulwich College, ever ready to *servir de cobayes* in the use of new language learning materials.

Kim Eyre

The author and publishers are grateful to the following for material reproduced in this book:
Camping et Caravaning automobile club de France (pages 48–51); Centre Commercial de la part-Dieu (pages 28–33); Club des Sports (pages 63–6); Comité français d'éducation pour la santé (pages 7–9); Credit Mutuel (pages 4–6); EFCASELS (pages 15–18); Eurocard (pages 4–6); Eurotunnel, Direction de la Communication (pages 87–92); *L'Express* (page 86); *Le Figaro* (page 42); FNAC (pages 24–7); Galeries Lafayette (pages 71–5); Kent County Council (page 92); Librairie Larousse (pages 76–81); Librairie Universelle (pages 57–62); *Le Monde* (pages 22, 26, 51); Piranha (pages 1–3); Produits Herbesan (pages 82–6); PTT (pages 37–42); Service de douanes françaises (pages 67–70); SNCF (pages 19–23, 43–5); L'Union de l'Eglise Evangélique Méthodiste (pages 34–6); La Ville de Mulhouse (pages 52–5).

DU NOUVEAU POUR LES JEUNES ET POUR LA LECTURE !...

Dans PIRANHA, chaque mois : Un grand roman complet + une aventure dont VOUS êtes le héros en couleurs + un journal
Télérama-GALLIMARD

Le Clairon des Cantines
Dans chaque numéro, le « Clairon des Cantines » donne la parole aux lecteurs : Piranha va tous les mois dans une ville de province différente, pour rencontrer les jeunes de tous les coins de France. Et discuter !...

La Revue de presse
La presse est comme une conversation géante où tout le monde parlerait à la fois. Difficile de s'entendre, souvent ! La revue de presse de Piranha rassemble pour ses lecteurs un choix d'évènements. Pour faire la part des choses.

Un livre résumé, concentré, un roman que nous voulons vous faire lire et aimer. Pour rentrer dans la lecture en direct.

Le Document
Chaque mois, un document : un sujet important, de fond. Un sujet auquel souvent la radio, la T.V. n'ont pas la possibilité de consacrer beaucoup de temps. Un sujet lié à l'actualité immédiate ou à ce qui tient le plus au cœur des lecteurs.

Le Grand roman
Tous les mois un grand roman. Ecrit spécialement pour les lecteurs de Piranha. Un trésor inédit, par un des grands écrivains d'aujourd'hui. Choisi parmi les centaines de manuscrits que Gallimard reçoit chaque année, illustré par les meilleurs illustrateurs actuels.

L'Aventure dont VOUS êtes le Héros, vous connaissez ? Oui, bien sûr ! Du suspense, une action palpitante qui vous tient en haleine au rythme de 32 pages en couleur...

Et qui ne vous lâche que lorsque VOUS avez trouvé le mot de la fin !

Ecoutez-voir !
Des pages pratiques pour savoir ce qui se passe, ce qu'on peut voir à la T.V., au ciné, ce qu'il ne *faut pas manquer,* les concerts indispensables, les livres essentiels, les disques à s'offrir. Les pages qui font le point.

Et aussi, et en plus, et chaque mois, de la poésie, le plein de jeux marrants et vivants, des infos inédites et rigolotes !

2

C Trouvez la traduction dans le dépliant

1 Which you can't put down until you've found the solution.
2 Selected from the hundreds of manuscripts . . .
3 Pages that give you an update.
4 . . . with everyone speaking at the same time.
5 . . . lets the readers have their say.
6 . . . a whole lot of lively games which are great fun

D Cherchez le synonyme

1 les concerts *absolument nécessaires*
2 bien entendu!
3 ne peuvent pas donner beaucoup de temps
4 les disques *qu'on peut acheter*
5 à votre librairie
6 un des grands auteurs contemporains

E Trouvez le contraire

1 une conversation *très courte*
2 un sujet qui n'a rien à voir avec ce qui se passe actuellement
3 des infos *sérieuses*
4 *facile de* s'entendre, souvent!
5 les *pires* illustrateurs
6 ce qu'on devrait éviter

F Cherchez le terme qui correspond à la définition

1 Une vue d'ensemble des journaux
2 contemporain, qui vit à présent
3 l'argent versé à un journal pour recevoir régulièrement les numéros de celui-ci

A Answer in English

1 How often does *Piranha* appear?
2 What is the subject of the full-length novel indicated on the front cover of *Piranha*?
3 How does the magazine involve *you* in every edition?
4 What kind of interviews make up the section called **Le Clairon des Cantines**?
5 What will you find in **La Revue de presse**?
6 Why does *Piranha* provide you with a plot summary of a book in every edition?
7 What kind of subject does *Piranha* tend to choose in the section entitled **Le Document**?
8 Who writes **Le Grand roman** as a rule?
9 Name *five* things that you will be able to find out by reading **Écoutez-voir!**
10 Which three other items will appear regularly on top of all those mentioned above?

B Répondez en français

1 Est-ce que *Piranha* est un journal hebdomadaire?
2 Est-ce qu'on interviewe des élèves parisiens dans **Le Clairon des Cantines**?
3 Qu'est-ce que c'est qu'une revue de presse?
4 Quelle est la différence entre **Le livre résumé** et **Le Grand roman**?
5 Est-ce que **Le Document** traite des sujets historiques?
6 Combien de pages trouverez-vous dans **L'Aventure**?
7 Vous voulez savoir quels films passent au cinéma: que devez-vous faire?
8 Si vous voulez recevoir régulièrement votre *Piranha*, que pouvez-vous faire?
9 Combien d'argent peut-on économiser en s'abonnant à *Piranha*?
10 Qu'est-ce qu'on avait offert à tous ceux qui s'étaient abonnés avant le 28 février 1986?

Et inventez votre propre définition

4 mensuel
5 un lecteur, une lectrice
6 rencontrer

Assignments

1 Vous êtes un nouveau représentant de Télérama-Gallimard. Expliquez brièvement à un groupe de jeunes pourquoi ils devraient acheter *Piranha*. (Vos camarades de classe peuvent vous poser des questions sur le journal.)

2 Write a letter in French to *Piranha*, following the guidelines below:

● say that you are writing on behalf of the school librarian (*de la part du/de la bibliothécaire de l'école*)
● say that you saw a copy of *Piranha* in France recently
● you want to order it for the library
● would it be possible to take out a subscription for it (*s'y abonner*)?
● you'd like to start receiving it from September onwards (*à partir de septembre*)
● would there be a surcharge (*un supplément*) if the magazine were sent direct to your school?
● say that you're sure that your schoolfriends will like *Piranha*
● say that you'd be grateful (*reconnaissant*) if they replied soon

Don't forget to set your letter out correctly:

Le Rédacteur en chef
Piranha
Télérama-Gallimard

(Lieu, date.)

Monsieur

(CORPS DE LA LETTRE)

Je vous prie d'agréer, Monsieur, l'expression de mes salutations distinguées,

(SIGNATURE)

A   Answer in English

1   Pinpoint *five* things that you can pay for by using your Eurocard.
2   Identify *three* ways in which Eurocard makes shopping easier for you.
3   How have some businesses made payment by Eurocard even easier?
4   Why wasn't it easy to use Eurocard abroad at the time that this leaflet appeared in France?
5   How popular is Eurocard throughout the world?
6   When can you withdraw money from one of the service tills?
7   Are these cash points few and far between?
8   Name *four* other transactions that are possible at the cash points.
9   Does payment by Eurocard register on your account the following day?
10   Why would it be an advantage to have a Eurocard, if you were taken into hospital?
11   In which circumstances would you be entitled to accident insurance, if you had a Eurocard?
12   What must you do, if your Eurocard is lost or stolen? Are you liable, if the card is used by another person?

B   Répondez en français

1   Nommez *cinq* choses qu'on peut payer en se servant d'une carte Eurocard.
2   Qu'est-ce que cette carte peut remplacer?
3   Comment est-ce que beaucoup de commerces ont facilité le paiement par Eurocard?
4   Pourquoi ne pouvait-on pas utiliser facilement son Eurocard à l'étranger en 1984, si l'on était français?

5   Combien de personnes possèdent une Eurocard?
6   Quand peut-on utiliser les distributeurs et guichets automatiques?
7   Y en a-t-il beaucoup en France?
8   A part les retraits d'argent, qu'est-ce qu'il est possible de faire au moyen de ces guichets automatiques?
9   Est-ce qu'il faut régler son compte immédiatement?
10   La carte Eurocard est gratuite?
11   Que doit-on faire, si son Eurocard est perdue ou volée?
12   Comment peut-on obtenir une carte Eurocard?

C   Remettez dans le bon ordre

a personal number
necessarily
free of charge
in all
to exceed
it's readily accepted
a transfer (of money)
car hire
it supplies you with cash
the current arrangements
an account enquiry
as well as
a cheque-book
if needs be
a member
to enjoy, get

dépasser
la location de voitures
ainsi que
un(e) adhérent(e)
une consultation de compte
un code confidentiel
un chéquier
bénéficier de
forcément
au total
en cas de besoin
elle est accueillie avec confiance
sans frais
un virement
les dispositions actuelles
elle vous ravitaille en argent frais

D   Écrivez autrement en cherchant dans le dépliant

1   si vous devez être hospitalisé(e)
2   elle rend la vie plus simple
3   quand vous vous déplacez en France
4   partout dans le pays
5   aussi vite que possible

E   Comment pourrait-on dire autrement?

1   en cas de perte ou de vol
2   au moment de régler
3   de nombreux commerces s'équipent actuellement de . . .
4   en cas d'accident
5   avertissez votre Caisse de Crédit Mutuel

F   Trouvez la brebis galeuse

1   guichet, distributeur, réseau, machine, terminal
2   accident, déplacement, décès, invalidité, hospitalisation
3   abuser de, bénéficier de, profiter de, tirer avantage de
4   fonds, argent, monnaie, argent liquide, assurance
5   régler, débiter, payer, dépenser

6

Assignments

1 **Jouons des rôles!**

You've just had a good, but expensive, meal in a Parisian restaurant. You call the waiter and ask him whether the management accepts Eurocard . . .
Continue the scenario, following the outline below:

WAITER	CUSTOMER
Unfortunately, Eurocard not accepted.	
	Quite ridiculous, it's welcomed everywhere else.
Sorry, but it will have to be another credit card, cheque or cash.	
	Haven't brought these: will have to find a Eurocard cash point and withdraw money.
Can't let the customer leave without some guarantee: his watch?	
	Shall be writing to the manager about this: no choice.
There's a Crédit Mutuel with a service till on the corner of the street by the traffic lights.	
	Luckily, you can use them 24 hours a day, 7 days a week.
You'll have to be as quick as possible: there's somebody waiting for this table.	
	The last time I come here!

2 Vous êtes employé(e) de banque au Crédit Mutuel. Un(e) client(e) vous demande de lui expliquer les avantages de la carte Eurocard.

3 You're attached to an English bank that has the bright idea of equipping its service tills with display panels offering instructions in French to tourists wanting to use Eurocard for cash withdrawals. It's known that you speak French, so you are given the job of translating the following:

CASH POINT OPEN

INSERT YOUR EUROCARD IN THE SLOT

WHAT IS YOUR PERSONAL NUMBER?

INDICATE THE SUM REQUIRED (POUNDS ONLY)

TAKE YOUR CARD AND WAIT FOR YOUR CASH

REMOVE YOUR CASH AND THE RECEIPT

THANK YOU: HAVE AN ENJOYABLE STAY IN ENGLAND!

introduire to insert
une fente a slot
un récépissé a receipt

LE TETANOS UN DANGER POUR TOUS
LE VACCIN UNE PROTECTION POUR CHACUN

comité français d'éducation pour la santé - 9, rue newton, 75116 paris (1) 723.72.07

Le Tétanos

Le tétanos, qu'est-ce que c'est ?

C'est une maladie encore mortelle dans un cas sur deux et qui, lorsqu'on en guérit, laisse le plus souvent de graves séquelles.
Pourtant, dans les familles françaises, seuls les enfants sont sûrs d'être protégés contre.le tétanos, car pour eux, la vaccination est obligatoire. Elle donne une protection absolue pendant 10 ans. Lorsque le dernier rappel remonte à plus de 10 ans, la protection devient douteuse.

Seule la vaccination protège efficacement contre le tétanos.

Le tétanos est une maladie douloureuse et invalidante dont la cause est un microbe: le bacille tétanique, qui vit généralement dans la terre. Ce bacille peut s'introduire dans l'organisme par n'importe quelle blessure ou plaie. Il sécrète une toxine puissante qui diffuse dans tout l'organisme et va se fixer sur le système nerveux.

Le premier symptôme de la maladie se traduit par une contraction des muscles de la face (le trismus).
La phase la plus grave de la maladie est caractérisée par une contracture généralisée du corps. La maladie doit être traitée dans un centre de réanimation où, malgré les soins apportés, le pronostic reste d'une extrême gravité.

Le tétanos : comment risque-t-on d'être atteint ?

Les plaies minimes sont à l'origine de 50 à 70 % des cas de tétanos en France. Toute plaie qui entre en contact direct ou indirect avec la terre peut introduire le germe dans l'organisme.
Une simple brûlure, une égratignure due à un fil de fer, une épine ou une écharde peuvent être à l'origine du tétanos.
Contrairement à ce que l'on croit parfois, les ruraux, les professionnels de la nature, les jardiniers amateurs ne sont pas seuls à être menacés par le tétanos.
Le microbe du tétanos peut se trouver également dans la poussière des villes et toute personne non vaccinée qui subit une lésion cutanée est exposée à la maladie. Les citadins sont aussi exposés que les ruraux.

Contre le tétanos : que faire ?

En cas de blessure:

Toute plaie, même bénigne, doit être nettoyée et désinfectée. Il faut la laver avec de l'eau et du savon, la désinfecter avec un liquide antiseptique.
Mais ces premiers soins ne suffisent pas à éliminer le risque de tétanos.

Seules les personnes vaccinées dont le rappel date de moins de 10 ans sont protégées contre cette maladie.

Attention: à l'occasion d'une blessure et si vous n'étiez pas vacciné auparavant, vous avez pu recevoir une injection de sérum antitétanique. Mais celui-ci ne vous protège contre la maladie que durant quelques semaines. Renseignez-vous pour connaître avec précision le traitement que vous avez reçu à cette occasion (sérum seul ou sérum + vaccin).

8

L'arme absolue : la vaccination

La seule vraie prévention de longue durée contre le tétanos, c'est la vaccination. Elle est inoffensive et ne comporte pratiquement pas de contre-indications.
On procède à deux injections à six semaines d'intervalle, puis un rappel six à douze mois après.
L'immunité conférée est de 10 ans. Il faut donc procéder à des rappels périodiques tous les 10 ans pour être protégé tout au long de sa vie.

1re injection	2e injection	3e injection	Rappels
—	6 semaines	6 à 12 mois plus tard	tous les 10 ans

Une confusion s'établit souvent entre sérum et vaccination.
La séroprévention : c'est l'injection préventive de sérum antitétanique lorsqu'il y a un risque de contamination (plaie chez une personne non vaccinée). C'est une protection de très courte durée.
La vaccination : c'est l'injection d'anatoxine qui assure une protection de très longue durée.

Qui est concerné par la vaccination ?

Tous ceux dont le dernier rappel remonte à plus de dix ans :
• généralement les femmes ont reçu leur dernier rappel vers 11-12 ans, il faut donc pratiquer un nouveau rappel vers 21-22 ans. La femme enceinte peut bénéficier de la vaccination.
• les hommes qui ont été vaccinés pendant leur service militaire doivent recevoir un rappel vers 30 ans,
• les personnes âgées qui, la plupart du temps, n'ont jamais été vaccinées, doivent entreprendre une vaccination complète,
• les parents doivent surveiller le calendrier vaccinal de leurs enfants, qui s'établit comme suit :

1re injection	2e injection	1er rappel	2e rappel	3e rappel	Rappels
3 mois	4 mois	12-18 mois	6 ans	11 ans	21 ans puis tous les 10 ans

La vaccination contre le tétanos se fait le plus souvent chez l'enfant en association avec les vaccinations contre la diphtérie, la poliomyélite et la coqueluche.
Enfin, lorsque la vaccination antérieure (en trois injections) est ancienne, il est inutile de recommencer une vaccination complète, un seul rappel est suffisant. Et si cette vaccination est incomplète, il suffit de la reprendre au point où elle a été abandonnée.

La carte de prévention du tétanos

Il est très important pour le médecin ou le service d'urgence qui aurait à vous soigner, de savoir si vous avez été vacciné contre le tétanos et à quelles dates, et si vous avez reçu du sérum. Prenez soin de conserver sur vous, ou en lieu sûr à la maison, un document (carnet de vaccination, carnet de santé ou carte de prévention du tétanos) sur lequel seront portées ces informations, indispensables en cas d'accident.

Rappelez-vous que la seule sauvegarde contre le tétanos repose sur la vaccination et les rappels périodiques.

cfes comité français d'éducation pour la santé
9, rue newton, 75116 paris

06.54.T.10.84 - Imp. B.S.A. LYON

risque d'être frappé par le tétanos.
8 Les ruraux courent un plus grand risque que les citadins.
9 Le sérum est tout à fait pareil au vaccin.
10 Il vous faut un rappel tous les douze mois.
11 Si une femme attend un bébé, elle peut néanmoins être vaccinée contre le tétanos.
12 Les hommes doivent être vaccinés contre le tétanos avant leur service militaire en France.
13 La vaccination contre le tétanos se fait toujours toute seule.
14 S'il vous arrive un accident, une carte de prévention du tétanos serait très utile pour ceux qui vous soignent.

A Answer in English

1 Is tetanus always fatal?
2 Why are children in France less likely to get tetanus than their parents are?
3 Where does tetanus come from, and how does it get into the body?
4 What is the first sign that you have tetanus?
5 Where is tetanus treated?
6 Give *three* examples of minor injuries that can expose you to tetanus.
7 Are there more incidents of tetanus in the country than in the towns? Why (not)?
8 What first aid advice are you given regarding the treatment of cuts?
9 What is the basic difference between the anti-tetanus serum and the vaccination?
10 What is the procedure for a complete vaccination course? For how long does this protect you?
11 If a woman is expecting a baby, can she be vaccinated against tetanus?
12 When are most men vaccinated against tetanus in France?
13 Anti-tetanus vaccination in children is usually done at the same time as which other vaccinations?
14 Why is an anti-tetanus vaccination card useful?

B Vrai ou faux?

1 Le tétanos est une maladie bénigne.
2 Les enfants français sont mieux protégés contre le tétanos que leurs parents.
3 La vaccination ne dure que dix ans en moyenne.
4 On risque d'être atteint par le tétanos, si on se blesse dans le jardin.
5 Au début de la maladie il y a une contraction du corps entier.
6 On traite le tétanos dans les polycliniques (*casualty and outpatients' departments*).
7 Plus la plaie est grande, plus on

C Comment dit-on en français

1 first aid
2 a scratch
3 fatal
4 to spread through the body
5 an intensive care unit
6 to make enquiries
7 a booster
8 whooping cough
9 most of the time
10 elderly people

D Trouvez le synonyme dans le dépliant

1 le microbe peut se trouver *aussi . . .*
2 *en dépit des* soins apportés
3 celui-ci ne vous *défend* contre la maladie que . . .
4 de graves *conséquences*
5 qui vit *d'habitude* dans la terre
6 la seule vraie prévention *qui dure longtemps*
7 *vous n'avez qu'à* la reprendre
8 pour être protégé *pendant toute sa vie*
9 *dans un endroit sûr* à la maison
10 Ce bacille peut s'introduire dans *le corps*

E Cherchez le contraire

1 la vaccination est *nocive*
2 salie et infectée
3 lorsqu'on en *meurt*
4 si cette vaccination est *complète*
5 *les jeunes* qui . . .

F Inventez une définition en français

1 un citadin
2 un rural
3 enceinte
4 le service d'urgence
5 un bacille
6 un rappel
7 une sauvegarde
8 un trismus
9 indispensable
10 un calendrier

Assignments

1 **Jouons des rôles!**

Whilst in France, you are taken to the local hospital with a bad gash on your leg. The doctor comes to examine the wound . . .

Continue the scenario, following the outline below:

DOCTOR	PATIENT
How did you cut your leg?	
	Fell over in the street on to a rusty (*rouillé*) metal bar.
Have you cleaned and disinfected the wound?	
	Yes, but it's still hurting.
When did you last have an anti-tetanus jab?	
	Never had one.
We'll give you an injection, then. You should have two more after this: one in 6 weeks' and the other in 6 months' time.	
No, you have to have a booster roughly every ten years.	Will that protect me for life?
	How will I know when I need another injection?
We'll give you a tetanus prevention card that you can keep in your pocket.	
	What's written on the card?
Dates of previous vaccinations: very useful, if you have an accident.	

2 Pour avertir le grand public des dangers du tétanos, le Comité français d'Éducation pour la Santé prépare un documentaire télévisé sur la maladie.
Après avoir relu le dépliant, récrivez les observations sur le tétanos pour que tout le monde puisse les comprendre. Suivez l'ordre du scénario ci-dessous:

● Qu'est-ce que c'est que le tétanos?
● Le taux de mortalité.
● Comment s'attaque-t-il au corps humain?
● Comment peut-on contracter le tétanos?
● Y a-t-il des groupes à haut risque?
● Les premiers soins à la maison: quelques conseils.
● La différence entre la séroprévention et la vaccination.
● Comment la vaccination se fait-elle?
● Qui peut bénéficier de la vaccination?
● Les avantages de la carte de prévention du tétanos.

10

Europ
Assistance

ASSISTANCE

AUX PERSONNES

1. Organisation et prise en charge du rapatriement dans un service hospitalier proche du domicile, par avion sanitaire, avion de ligne, train 1re classe, ambulance, sous surveillance médicale constante si votre état le nécessite.

2. Mise à disposition d'un billet d'avion ou de train 1re classe pour un membre de la famille inscrit au contrat afin de se rendre sur le lieu d'hospitalisation de l'abonné qui sera rapatrié.

3. Remboursement des frais médicaux payés à l'étranger à concurrence de 25 000 FF par personne abonnée en complément de tout organisme de prévoyance.

4. Mise à disposition d'un billet aller/retour d'avion ou de train 1re classe pour un membre de la famille d'un abonné hospitalisé plus de 10 jours au cours d'un déplacement.

5. Mise à disposition d'un billet aller/retour pour un abonné en cas de décès en France d'un de ses proches parents (conjoint, père, mère, enfant, frère, sœur, grands-parents).

6. Prise en charge du rapatriement du corps d'un abonné décédé en cours de voyage.

7. Avance de caution pénale à concurrence de 40 000 FF et d'honoraires d'avocat à concurrence de 5000 FF.

*8. Assistance «Urgences»: communication des coordonnées de médecins de garde, recherche d'une ambulance, dépannage serrurerie, participation aux frais d'aide familiale à domicile en cas d'hospitalisation, et aux frais d'hébergement à la suite d'incendie, dégât des eaux ou cambriolage.

*9. Assistance Conseils et Assistance Parents (tous les jours ouvrables de 10 heures à 19 heures): service de renseignements téléphoniques concernant les démarches administratives et juridiques d'ordre privé et la vie quotidienne des enfants.

*(Les points 8 & 9 sont réservés aux abonnements annuels).

AUX VEHICULES

1. Recherche et envoi de pièces détachées par les moyens les plus rapides et avance de leur prix.

2. Prise en charge des frais de remorquage à concurrence de 400 FF TTC.

3. a) En cas d'immobilisation du véhicule accidenté ou en panne:
— Prise en charge des frais d'hôtel à concurrence de 200 FF par abonné, s'ils attendent sur place la réparation de leur véhicule.
b) En France, si l'immobilisation dure plus de 48 heures, ou si le véhicule est volé:
— Organisation et prise en charge du transport des passagers jusqu'à leur lieu de destination en France en train 1re classe ou voiture de location pendant 48 heures maximum.
— Prise en charge d'un billet de train pour aller récupérer le véhicule réparé ou retrouvé.
c) A l'étranger si l'immobilisation dure plus de 5 jours ou si le véhicule est volé:
— Organisation et prise en charge du rapatriement en France des passagers en train 1re classe.
— Rapatriement en France du véhicule irréparable sur place ou retrouvé endommagé;
ou prise en charge d'un billet de train pour aller récupérer le véhicule réparé ou retrouvé en état de marche.

4. Envoi d'un chauffeur pour ramener un véhicule abonné en cas d'incapacité du conducteur.

La liste des services prévus par les abonnements Europ Assistance n'est pas limitative: quels que soient les ennuis que vous pouvez rencontrer, Europ Assistance mettra tout en œuvre pour vous aider.

---

1 If you fall ill abroad, what will Europ Assistance provide in the way of transport home?

2 Will Europ Assistance pay unlimited medical expenses incurred in a foreign country?

3 What does Europ Assistance mean by a 'close relative'?

4 Is everyone entitled to *Assistance «Urgences»* and *Assistance Conseils et Assistance Parents*?

5 How and when can you get in touch with the latter?

6 If you have to wait for your car to be repaired during your holiday abroad, what can you claim?

7 If you take out an annual family subscription, who will be covered? (See p. 12 for text of leaflet.)

8 What are the conditions for taking out an annual subscription as regards (a) residence (b) age?

9 Is any trip to any country for any length of time covered by the annual subscription?

10 What is the advantage of paying for this subscription by banker's order?

11 Which other vehicles are covered by the temporary subscription, apart from the family car?

12 How are you advised to pay for your temporary subscription?

1 Si vous êtes hospitalisé(e) à l'étranger

(a) on promet de vous trouver une clinique privée

(b) on promet de vous ramener en France

(c) on promet d'héberger un de vos proches parents près de l'hôpital

(d) on promet de vous envoyer votre propre médecin

2 *Assistance «Urgences»* couvrira vos frais d'hébergement

(a) Si votre voiture est endommagée au cours d'un voyage en bateau à l'étranger

(b) Si vous avez une vieille maison qui doit être rénovée

(c) Si votre maison prend feu

(d) Si vous quittez votre maison, ayant peur d'être cambriolé(e)

3 On peut contacter *Assistance Conseils et Assistance Parents*

(a) du lundi au vendredi entre 10 heures du matin et 7 heures du soir

(b) le samedi et le dimanche entre 10 heures du matin et 7 heures du soir

(c) tous les jours entre 10 heures du matin et 9 heures du soir

(d) six jours par semaine entre 10 heures du matin et 7 heures du soir

ABONNEMENTS

ANNUELS

A qui s'adressent-ils?
Un abonnement annuel Europ Assistance peut être souscrit au profit:
— d'une famille entière : les parents, leurs enfants de moins de 25 ans et les ascendants vivant sous le même toit;
— d'un couple, sans enfant (ainsi que l'enfant qui pourrait naître dans les 12 mois);
— d'une personne seule.
Tous les bénéficiaires doivent être domiciliés en France métropolitaine. Aucune limite d'âge n'est imposée. Dans chaque formule, il est également possible d'abonner 1 ou 2 véhicule(s) ainsi qu'une caravane ou une remorque.

Quels sont les pays et déplacements couverts?
Tous les déplacements en France à partir du domicile et tous les voyages d'agrément dans 35 pays (voir groupes de pays): Europe y compris l'URSS (partie européenne), la Turquie, Israël, le Maroc, la Tunisie. Les déplacements à l'étranger de plus de 3 mois consécutifs ne sont pas couverts.
Les bénéficiaires d'un abonnement annuel ont droit à une réduction de 20% sur tout abonnement temporaire souscrit pour une destination non couverte par l'abonnement annuel.

Comment s'abonner?
• soit en réglant votre abonnement au comptant au moment de sa souscription (chèque bancaire ou postal, etc);
• soit par demande de prélèvement automatique annuel ou trimestriel sur votre compte bancaire. Cette formule entraîne un avantage : votre abonnement sera tacitement reconduit, sauf dénonciation de votre part, lorsque, à l'échéance, vous recevrez une formule de renouvellement.

Prix des abonnements annuels
*(Tarif TTC, en francs français, au 1/3/1985)

FAMILLE & véhicule(s)	792 F (ou 4 prélèvements de 198 F)
FAMILLE sans véhicule	508 F (ou 4 prélèvements de 127 F)
COUPLE & véhicule(s)	644 F (ou 4 prélèvements de 161 F)
COUPLE sans véhicule	420 F (ou 4 prélèvements de 105 F)
INDIVIDUEL & véhicule(s)	560 F (ou 4 prélèvements de 140 F)
INDIVIDUEL sans véhicule	336 F (ou 4 prélèvements de 84 F)

*Tarif autorisé par le Ministère de l'Économie et des Finances le 6/2/1985

TEMPORAIRES

A qui s'adressent-ils?
• L'abonnement temporaire peut être souscrit au profit d'une ou plusieurs personnes physiques ayant leur domicile en France métropolitaine.
• Le même abonnement peut également couvrir les véhicules en France et dans les pays des groupes 1, 2, 3. Le tarif véhicule s'applique aux caravanes et aux remorques de plus de 350 kg.

Quels sont les pays et déplacements couverts?
• Chaque abonnement pour l'étranger couvre la France, les pays du groupe choisi et tous les pays des groupes précédents figurant au tableau groupes de pays.
• L'abonnement temporaire prend effet à plus de 25 km du domicile.
• Tous les déplacements professionnels ou touristiques sont garantis.

Comment s'abonner?
• Joindre votre règlement à votre demande d'abonnement (chèque bancaire ou postal, virement, etc.).
• L'abonnement peut prendre effet au plus tôt le jour de la souscription.

Prix des abonnements temporaires
*(Tarif TTC, en francs français, au 1/3/1985)

| Durée | FRANCE | | GROUPES DE PAYS | | | | | | | |
| | | | 1 | | 2 | | 3 | | 4 | 5 |
	par personne	par véhicule	par personne	par véhicule	par personne	par véhicule	par personne	par véhicule	par personne	par personne
1 à 8 jours	43	74	102	154	113	203	166	273	236	299
9 à 16 jours	56	85	117	181	130	239	187	301	270	333
17 à 24 jours	68	102	131	217	151	280	207	337	318	381
25 à 32 jours	86	125	152	260	171	322	234	386	374	443
33 à 45 jours	105	149	172	301	192	363	262	463	434	511
46 à 61 jours	128	170	191	351	213	414	303	533	502	581
Mois suppl*	+43	+74	+102	+154	+113	+203	+166	+273	+236	+299

* au-delà de 61 jours
*Tarif autorisé par le Ministère de l'Économie et des Finances le 6/2/1985

4 Si votre voiture tombe en panne à l'étranger

  (a) Vous devez la faire réparer à un garage recommandé par Europ Assistance
  (b) Europ Assistance vous enverra les pièces dont vous aurez besoin
  (c) Vous devez la faire remorquer au garage le plus proche
  (d) Vous devez téléphoner au service «dépannage serrurerie»

5 Si vous ne pouvez pas ramener votre véhicule laissé à l'étranger

  (a) Quelqu'un ira le chercher pour vous
  (b) Il sera vendu
  (c) Europ Assistance demandera à un chauffeur dans le pays en question de le ramener
  (d) On le remplacera par une nouvelle voiture

6 Un abonnement annuel pour toute la famille couvre

  (a) seulement les adultes vivant sous le même toit
  (b) seulement la voiture du père de famille
  (c) seulement ceux qui habitent les grandes villes françaises
  (d) seulement le père, la mère, les vieux parents et les moins de 25 ans qui habitent le même domicile

7 Un prélèvement bancaire doit se faire

  (a) tous les douze mois
  (b) tous les trois mois
  (c) tous les douze ou tous les trois mois
  (d) tous les ans ou tous les trois ans

8 Vous voulez un abonnement temporaire pour un voyage de 10 jours en Angleterre. Vous partez en voiture avec votre cousin(e). Combien devez-vous payer en tout?

  (a) 415 F
  (b) 298 F
  (c) 197 F
  (d) 234 F

Continuez à consulter le tableau des tarifs avec un(e) partenaire et posez-vous des questions l'un(e) à l'autre.

C Expliquez les termes suivants puisés dans le dépliant

Exemple: un avion sanitaire (*un avion transportant une équipe médicale*)

1 les frais médicaux
2 en cas de décès
3 une aide familiale
4 un jour ouvrable
5 la vie quotidienne
6 une voiture en panne
7 récupérer
8 à partir du domicile

GROUPES DE PAYS

GROUPE 1

■ Allemagne		■ Autriche	AM	■ Gibraltar	HV	■ Luxembourg	DJ
Fédérale	AE	■ Baléares	AR	■ Gde-Bretagne	CD	■ Pays-Bas	EE
■ Andorre	IY	■ Belgique	AT	■ Irlande	CX	■ Portugal	EH
		■ Espagne	BX	■ Italie et Iles	DA	■ Suisse	EZ

GROUPE 2

■ Allemagne		■ Bulgarie	BA	■ Hongrie	CM	■ Roumanie	EN
Démocratique	AD	■ Danemark	BP	■ Norvège	EA	■ Suède	EY
		■ Finlande	BZ	■ Pologne	EK	■ Tchécoslov.	FE

GROUPE 3

■ Açores	GA	Égypte	BS	Liban	DG	Syrie	FA
Albanie	AB	■ Grèce et Iles	CE	■ Madère	DL	■ Tunisie	FJ
Algérie	AC	Iles Canaries	CN	■ Malte	DP	■ Turquie	FK
Chypre	BF	■ Islande	CY	■ Maroc	DR	■ Yougoslavie	FS
		■ Israël	CZ			■ U.R.S.S.	FL

GROUPE 4

Antilles		Émirats		Irak	CT	Oman	GE
Françaises	AF	Arabes Unis	BT	Jordanie	DD	Qatar	EL
Arabie		Gabon	CB	Kenya	DE	Rép. Centrafric.	BD
Saoudite	AJ	Gambie	GP	Koweit	DF	Sénégal	EP
Bahrëin	AP	Ghana	CC	Libéria	GY	Sierra Leone	HL
Bènin	BN	Guinée	GQ	Libye	DH	Somalie	HM
Burkina Faso	CK	Guinée-Bissau	GR	Mali	DN	Soudan	ET
Cameroun	BB	Guinée		Mauritanie	DT	Togo	FG
Côte d'Ivoire	BL	Équatoriale	GS	Niger	DY	Yémen	
Djibouti	GO			Nigéria	DZ	du Nord	HR

GROUPE 5

Afrique		Corée du Sud	GN	Jamaïque	DB	Porto-Rico	EG
du Sud	EX	Costa Rica	BK	Japon	DC	Rép.	
Alaska	FN	Cuba	BM	Madagascar	DK	Dominicaine	BR
Angola	GB	Équateur	BW	Malaisie	DM	Réunion	EM
Argentine	AK	Grenade	CF	Malawi	HA	Rwanda	GD
Australie	AL	Groënland	IL	Maldives	HB	St-Pierre	
Bahamas	AN	Guatemala	CG	Mexique	DW	et Miquelon	IG
Barbade	AH	Guyane		Moluques	IH	Seychelles	ER
Belize	GF	Française	CH	Mozambique	HD	Singapour	ES
Bermudes	AW	Haïti	CJ	Nauru	HX	Sri Lanka	EW
Bhoutan	GH	Hawaï	GC	Népal	DX	Surinam	IB
Bolivie	AY	Honduras	GU	Nouvelle		Taiwan	FB
Bornéo	CA	Kông-Kong	CL	Calédonie	EB	Tanzanie	FC
Botswana	GI	Ile Dominique	HT	Nouvelle		Thaïlande	FF
Brésil	AZ	Ile Maurice	DS	Zélande	HY	Trinidad	
Burundi	GJ	Ile Sainte-Lucie	HJ	Pakistan	EC	& Tobago	FH
Canada	BC	Ile		Panama	HH	Uruguay	FM
Cap Vert	GK	Saint-Vincent	HK	Papouasie	GT	U.S.A.	FN
Chili	BE	Iles Salomon	HZ	Paraguay	ED	Venezuela	FP
Chine	GL	IlesVierges	CP	Pérou	EF	Zaïre	FT
Colombie	BG	Inde	CR	Philippines	EJ	Zambie	FW
Comores	GM	Indonésie	IE	Polynésie		Zimbabwe	HN
Congo	BH			Française	HP		

■ Pays couverts par les abonnements annuels en plus de la France Métropolitaine.

DEMANDE D'ABONNEMENT

L'abonnement EUROP ASSISTANCE ne peut être souscrit qu'au bénéfice de personnes ayant leur domicile légal en France métropolitaine.

SOUSCRIPTEUR

M.
Mme   Nom
Mlle

Prénom   Année de naissance

N°   Rue Bd Av.

Code postal

Ville

Tél.   Profession :

0 ☐ Agriculteur
1 ☐ Prof. lib. - Cadre sup. - Professeur
2 ☐ Cadre moyen - Instituteur
3 ☐ Patron - Industrie & Commerce
4 ☐ Employé

5 ☐ Ouvrier
6 ☐ Personnel de service
7 ☐ Étudiant - Militaire
8 ☐ Sans profession
9 ☐ Retraité

AUTRES PERSONNES ABONNÉES (en plus du souscripteur)

Noms   Prénoms

Nombre total de personnes abonnées (souscripteur compris)

VÉHICULE(S) ABONNÉ(S) - (de moins de 3,5 tonnes)

☐ Auto _____ CV
☐ Moto   Immatriculation   Année   Puissance
☐ Auto _____ CV
☐ Moto
☐ Caravane ou ☐ Remorque

● Aucun abonnement ne peut être souscrit au seul bénéfice d'un ou plusieurs véhicules.
● Pour les abonnements temporaires, le tarif véhicule s'applique aux caravanes et aux remorques de plus de 350 kg.

TYPE D'ABONNEMENT SOUSCRIT

ABONNEMENT ANNUEL	
☐ Annuel Fam. & véhicule(s) :	792 F
☐ Annuel Fam. sans véhicule :	508 F
☐ Annuel Couple & véhicule(s) :	644 F
☐ Annuel Couple sans véhicule :	420 F
☐ Annuel Ind. & véhicule(s) :	560 F
☐ Annuel Ind. sans véhicule :	336 F

ABONNEMENT TEMPORAIRE
Durée : _____ jours
☐ Temporaire France
☐ Temporaire France & Étranger
Code Pays de destination :

PRIX
Personne(s) : _____
Véhicule(s) : _____
Caravane ou remorque _____
PRIX TOTAL : _____ F

Dates de validité :

du [ ] [ ] 19 [ ]
   jour   mois   année

au [ ] [ ] 19 [ ]
   jour   mois   année

ATTENTION : Aucune demande ne pourra être prise en considération si le règlement n'est pas joint sous l'une de ces 3 formes (Chèque bancaire, virement postal muni de ses 3 volets, mandat-lettre). Cette demande ne saurait en aucun cas constituer le contrat qui vous sera expédié, dès réception. La date de prise d'effet ne saurait être antérieure à la date d'envoi de cette demande.

IMPORTANT : L'abonnement Europ Assistance constitue un contrat de bonne foi réciproque entre Europ Assistance et ses abonnés. Europ Assistance ne peut abonner des personnes atteintes d'une maladie antérieurement constituée comportant des risques d'aggravation brutale. De même, en cas de rapatriement d'un véhicule de plus de 5 ans, les frais à la charge d'Europ Assistance ne peuvent excéder la valeur vénale au jour de l'appel. Reportez-vous à la Convention d'Assistance.

Demande d'abonnement établie le : [ ] [ ] 19 [ ]
                                      jour   mois   année

Signature du souscripteur :

---

9 les déplacements à l'étranger
10 un déplacement professionnel
11 une demande d'abonnement

8 spare parts

D Cherchez la traduction française dans la brochure

1 a childless couple
2 up to (a limit of) 40,000 francs
3 a cheque or Girocheque
4 in mainland France
5 whatever problems you may encounter
6 lawyer's fees
7 rates in French francs inclusive of tax

E Comblez les vides

1 Groupe 1 couvre les voyages _____ Suisse, _____ Luxembourg, _____ Pays-Bas et _____ Grande-Bretagne.

2 Si vous allez visiter _____ Danemark, _____ Suède ou _____ Hongrie, consultez Groupe 2.

3 Pendant votre séjour _____ Tunisie, _____ Liban, _____ Israël ou _____ URSS, vous serez couvert(e) dans Groupe 3.

4 Même lorsque vous revenez _____ Arabie Saoudite, _____ Sénégal, _____ Irak ou _____ Antilles françaises, vous êtes couvert(e) par Europ Assistance.

DEMANDE D'ABONNEMENT

L'abonnement EUROP ASSISTANCE ne peut être souscrit qu'au bénéfice de personnes ayant leur domicile légal en France métropolitaine.

SOUSCRIPTEUR

M. / Mme / Mlle ☑ Mlle   Nom **SÉGUIN**

Prénom **CHANTAL**   Année de naissance **61**

N° **72** Rue/Bd/Av **CHEMIN DES**

Code postal   **PRINCES**

68000 Ville **MULHOUSE**

Tél. **89 24 30 76**   Profession:

0 ☐ Agriculteur
1 ☐ Prof. lib. - Cadre sup. - Professeur
2 ☑ Cadre moyen - Instituteur
3 ☐ Patron - Industrie & Commerce
4 ☐ Employé
5 ☐ Ouvrier
6 ☐ Personnel de service
7 ☐ Étudiant - Militaire
8 ☐ Sans profession
9 ☐ Retraité

AUTRES PERSONNES ABONNÉES (en plus du souscripteur)

Noms	Prénoms
SÉGUIN	PIERRE

Nombre total de personnes abonnées (souscripteur compris) **2**

VÉHICULE(S) ABONNÉ(S) - (de moins de 3,5 tonnes)

	Immatriculation	Année	Puissance	
☑ Auto **2389 QR 68**		**82**	**4**	CV
☐ Moto	Immatriculation	Année	Puissance	
☐ Auto				CV
☐ Moto	☐ Caravane ou ☐ Remorque			

● Aucun abonnement ne peut être souscrit au seul bénéfice d'un ou plusieurs véhicules.
● Pour les abonnements temporaires, le tarif véhicule s'applique aux caravanes et aux remorques de plus de 350 kg.

TYPE D'ABONNEMENT SOUSCRIT

ABONNEMENT ANNUEL	
☐ Annuel Fam. & véhicule(s):	792 F
☐ Annuel Fam. sans véhicule:	508 F
☑ Annuel Couple & véhicule(s):	644 F
☐ Annuel Couple sans véhicule:	420 F
☐ Annuel Ind. & véhicule(s):	560 F
☐ Annuel Ind. sans véhicule:	336 F

ABONNEMENT TEMPORAIRE
Durée: **21** jours
☐ Temporaire France
☑ Temporaire France & Étranger
Code Pays de destination: **AC**

PRIX
Personne(s): **414**
Véhicule(s): **337**
Caravane ou remorque **—**
PRIX TOTAL: **751** F

Dates de validité:

du **1 0** jour **0 8** mois 19 **87** année

au **3 1** jour **0 8** mois 19 **87** année

ATTENTION: Aucune demande ne pourra être prise en considération si le règlement n'est pas joint sous l'une de ces 3 formes (Chèque bancaire, virement postal muni des 3 volets, mandat-lettre). Cette demande ne saurait en aucun cas constituer le contrat qui vous sera expédié, dès réception. La date de prise d'effet ne saurait être antérieure à la date d'envoi de cette demande.

IMPORTANT: L'abonnement Europ Assistance constitue un contrat de bonne foi réciproque entre Europ Assistance et ses abonnés. Europ Assistance ne peut abonner des personnes atteintes d'une maladie antérieurement constituée comportant des risques d'aggravation brutale. De même, en cas de rapatriement d'un véhicule de plus de 5 ans, les frais à la charge d'Europ Assistance ne peuvent excéder la valeur vénale au jour de l'appel. Reportez-vous à la Convention d'Assistance.

Demande d'abonnement établie le: **1 6** jour **0 6** mois 19 **87** année

Signature du souscripteur: **C. Séguin**

1   Est-ce que Chantal est mariée?
2   Où exactement est-ce qu'elle habite?
3   Dans quelle sorte d'école travaille-t-elle?
4   Sa voiture a quel âge?

5   Combien de semaines va-t-elle passer à l'étranger?
6   Où va-t-elle les passer?
7   Elle y va seule?
8   Quand va-t-elle partir et rentrer?
9   Quand a-t-elle formulé sa demande d'abonnement?
10   Chantal et Pierre vont partager les frais de leur séjour, y compris l'abonnement temporaire. Combien est-ce que chacun doit payer pour obtenir celui-ci?

Assignments

1   You work for Europ Assistance and are processing Chantal Séguin's application form. Write a letter to her containing the following information, not forgetting to set out the letter properly:
● thank her for her application form, which you received on 20th June
● say that you note that she will be spending her holiday in North Africa, and ask whether she is in fact taking a caravan or trailer with her
● say that she forgot to send her payment with her form: could she let you have a cheque, Girocheque or special postal order (*mandat-lettre*) as soon as possible.
● explain that Europ Assistance would not pay for the cost of bringing the car back to France, if involved in an accident, if this exceeded the value of the vehicle
● thank her in advance and end in the customary manner

2   You are Chantal (or Pierre) Séguin. You receive the letter from Europ Assistance and decide to ring them on (1) 285.85.85. You rehearse what you are going to say in advance, since you don't want to get tongue-tied:
● you've just received the letter dated 20th June: no, you won't be taking a caravan or trailer with you: you would have indicated this on the application form, otherwise
● you are sorry that you forgot to send the payment: you didn't see the small print (*les mots en petits caractères*) at the bottom of the form
● you are enclosing a Girocheque with a short letter and will be putting this in the post this afternoon
● your car is not in very good condition, so you wouldn't be too upset if you had to leave it abroad!
● you're sorry for any delay: you're very grateful for the letter

SEJOURS LINGUISTIQUES EFCASELS

8, place Bellecour - 69002 LYON
Tél. 78.42.11.33

PROGRAMME SPECIAL

USA 1986

Séjours linguistiques EFCASELS

1 mois de vacances à la découverte des U.S.A. !

Vous rêvez de partager la vie quotidienne d'une famille américaine pendant un mois :

PARTEZ A LA DÉCOUVERTE DE "L'AMERICAN WAY OF LIFE" GRACE AU PROGRAMME IMMERSION TOTALE.

Celui-ci est plus spécialement destiné aux jeunes qui désirent un séjour individuel en famille, sans cours ni activités de groupe. Ce type de séjour permettra aux participants de s'intégrer entièrement à la vie de la famille et de découvrir de manière approfondie la culture américaine sous toutes ses formes. Ce séjour est ouvert aux jeunes de 13 à 18 ans.

Une famille américaine choisie spécialement pour vous !

Nos représentants américains se chargent de vous trouver une famille où vous serez très bien accueilli. Chacune d'entre elles est choisie avec le plus grand soin par nos coordinateurs locaux, afin que vous vous sentiez très vite intégré dans votre nouvelle vie.

Ne soyez donc pas d'une exigence injustifiée quant au lieu de séjour que nous allons vous trouver, ni sur la composition exacte de cette famille, son niveau social, ou la présence éventuelle d'un autre français dans la famille.

Ses qualités morales et sa gentillesse sont pour nous le premier critère de qualité. Vous devez savoir et ne pas oublier que votre famille d'accueil ne "vend" pas son hospitalité, **elle vous l'offre.**

Ce séjour n'est ni un séjour linguistique, ni un voyage touristique, mais la découverte d'un autre mode de vie.

Vous reviendrez des U.S.A. enrichi et vous aurez contribué à créer des liens d'amitié durables.

Quels sont les lieux de séjour ?

1 - LA COTE EST :	New York	6 600 F
	Boston	6 800 F
	Washington	6 800 F
	La Virginie	7 600 F
2 - LE MIDWEST :	Chicago	8 100 F
	Buffalo	7 400 F
3 - LA CALIFORNIE :	San Francisco - Los Angeles - San Diego	8 800 F
4 - LA FLORIDE :		8 100 F
5 - LE COLORADO :	Denver	8 800 F

Accueil en France de jeunes Américains

Pourquoi ne pas faire découvrir votre région à un(e) jeune Américain(e) l'été prochain pendant 4 semaines...

Photo récente
a coller ici

EFCASELS

8, place Bellecour
69002 Lyon
Tél. 78.42.11.33

DEMANDE D'INSCRIPTION
N°

Correspondant local

ÉLÈVE

Nom (en capitales)
Prénom   Sexe   Nationalité
Age   Né(e) le

PARENTS

Nom (en capitales)
Domicile : N°   Rue

Dépt   Ville
Téléphone domicile   Bureau

ÉTABLISSEMENT SCOLAIRE

Adresse
Dépt   Ville
Professeur d'anglais
Année d'étude de la langue   Classe
Pour les nouveaux : Comment avez-vous connu EFCASELS ?

SÉJOUR CHOISI

1er choix   2e choix
Période :   Juillet ☐   Mi-juillet ☐   Août ☐

VOYAGE

Départ **obligatoire** par avion depuis PARIS. (Nous rappelons qu'aucun service de convoyage n'est assuré entre la province et Paris, pour les départs vers les USA).

Accepteriez-vous de recevoir un(e) jeune américain(e) lors des prochaines vacances juillet/août : oui ☐ non ☐

Code Séjour	F	Affectation	A	V	P	R	Conv.	Corresp.	A	Administration

C.   1er V.   Sup.
C.S.   C.V.   Div.

ENGAGEMENT.
Je déclare avoir pris connaissance des "conditions générales" des séjours. Je verse ce jour la cotisation de 100 F et un acompte de 1 500 F à valoir sur le prix du séjour.
A   19
(Signature du représentant légal)

NOTA : EFCASELS souscrit OBLIGATOIREMENT pour chaque participant, une assurance individuelle.

Conditions générales du programme

Ce qui est compris :
- le voyage aller et retour par vol transatlantique. (franchise de 20 kg de bagages)
- le transfert entre l'aéroport et la famille d'accueil, à l'aller et au retour
- la pension complète dans une famille américaine.
- une réunion d'information à l'arrivée et soirée d'adieu au départ
- le contrôle permanent d'un responsable local.

Ce qui n'est pas compris :
- l'adhésion à EFCASELS valable pour l'année scolaire : 100 F par famille
- l'assurance obligatoire : annulation, médicale, R.C. individuelle et rapatriement (150 F)
- l'argent de poche et les dépenses personnelles : de 40 à 50 $ par semaine.
- le voyage entre votre domicile et l'aéroport de départ.
- les excursions facultatives proposées sur place.

Affectation

Les étudiants choisissent la région de séjour (Côte Est, Côte Ouest, Middle West, Région des Lacs, Colorado, Floride).
L'affectation dans les différents centres d'une même région, est effectuée par EFCASELS.
Une semaine avant le départ, nous vous communiquons le nom et l'adresse des hôtes choisis. Lorsque l'inscription est tardive (moins de 4 semaines avant le départ) l'adresse de la famille est fournie à l'arrivée au centre. Lorsque la famille choisie s'est désistée au dernier moment, il n'est pas toujours possible d'indiquer la nouvelle adresse avant le départ. EFCASELS fait alors le nécessaire pour que l'élève soit accueilli par une autre famille.

Conditions spéciales

Nous vous rappelons que pour ces séjours :
- les familles américaines ne sont pas rémunérées en échange de leur accueil,
- il faut avoir entre 13 et 18 ans, être célibataire, en bonne santé, avoir une connaissance suffisante de l'anglais,
- l'inscription n'est définitive que lorsque l'étudiant nous a retourné l'APPLICATION FORM (que nous vous adresserons dès réception du Bulletin d'inscription), dûment remplie et signée par les parents.
- chaque étudiant recevra de la part de EFCASELS un guide sur les séjours aux U.S.A. ainsi que le nom et l'adresse de sa famille hôtesse, les détails du voyage et du séjour, les circuits en option. Les billets sont remis le jour du départ, à l'aéroport.
- chaque candidat doit s'engager à respecter les règles de la plus commune morale. Tout manquement en ce domaine entraînerait un renvoi immédiat en France, aux frais des parents.

> LE VISA OBLIGATOIRE DOIT ÊTRE OBTENU **PAR CHAQUE PARTICIPANT** AUPRÈS DU CONSULAT DES U.S.A.

Modalités financières
L'inscription n'est définitive qu'après réception du bulletin d'inscription, accompagné d'un acompte de 1600 F.

Conditions spéciales d'annulation
- 1 MOIS avant le départ : perte de l'Acompte
- 15 jours avant le départ retenue de 40% du montant total
- 3 jours avant le départ retenue de 75% du montant total.

Important
A l'occasion des voyages, EFCASELS ne peut être tenue pour responsable d'un décalage possible des dates de départ ou de retour, de 48h à 72h, ou bien encore d'un changement de l'aéroport de départ ou de retour qui nous sont imposés par les compagnies de transport.

Jet'am
TRANSPORTEUR D'EFCASELS

Tarifs au 01.12.85 sous réserve des fluctuations des changes, des tarifs de transports ou des conditions économiques (Cours du $ au 01.12.85). Le fait de s'inscrire à nos séjours implique l'adhésion complète à nos conditions (cf brochure générale).

IMP. MODERNE OFFSET - BAGNOLET

A   Answer in English

1 How does this offer differ from other language immersion courses abroad for French teenagers?

2 What does EFCASELS ask you not to insist on as regards your stay in America?

3 Will they pay (a) for the journey between your home and the French airport (b) for the journey between your host family's home and the American airport?

4 What will EFCASELS organise (a) on your arrival in the States (b) before your departure?

5 Why does each French family have to pay an extra 100 francs?

6 What do they suggest in the way of pocket money?

7 Will you definitely get the name and address of your host family before you leave France?

8 What does EFCASELS promise to do, if your host family drops out at the last minute?

9 What are the American families paid for taking you into their home?

10 What conditions are laid down regarding (a) age (b) health (c) marital status (d) linguistic ability?

B Répondez en français

1 Pourquoi pourra-t-on s'intégrer totalement au mode de vie américain?
2 Quel âge faut-il avoir pour pouvoir participer à un de ces séjours linguistiques?
3 Est-ce qu'on ira aux États-Unis en paquebot transatlantique?
4 Si vous voulez contacter EFCASELS pendant votre séjour, que devrez-vous faire?
5 Est-ce que l'assurance obligatoire est comprise?
6 Combien de régions vous offre-t-on?
7 Comment saurez-vous le nom et l'adresse de votre famille américaine?
8 Lesquels ne pourraient pas participer à un de ces séjours: (a) quelqu'un qui est malade (b) quelqu'un qui n'est pas marié (c) un(e) adolescent(e) de dix-neuf ans (d) un(e) élève très fort(e) en anglais.
9 Qu'est-ce que tout(e) Français(e) devra se procurer avant de partir?
10 Vous annulez votre séjour deux semaines avant le départ. Vous avez payé l'acompte de 1 600 francs et les autres 6 500 francs pour un séjour à Chicago. Combien d'argent vous rendra-t-on?

C Indiquez le contraire sur la liste à droite

obligatoire	tardif
provisoire	complet
appauvri	individuel
périmé	local
immédiat	facultatif
demi-	enrichi
éloigné	valable
collectif	permanent

De même, indiquez le terme français qui correspond

allocation	cotisation (f)
enrolment	amitié (f)
down payment	modalités financières
host family	aux frais des parents
discrepancy	destiné à
thanks to	annulation (f)
meant for	famille d'accueil
friendship	affectation (f)
subscription fee	inscription (f)
cancellation	décalage (m)
means of payment	grâce à
at the parents' expense	acompte (m)

D Trouvez le verbe à l'origine dans le dépliant

1 contribution
2 communication
3 accueil
4 réception
5 découverte
6 permission

Cherchez également le terme provenant du verbe

1 inscrire
2 exiger
3 adhérer
4 réunir
5 partir
6 renvoyer
7 changer
8 composer
9 lier
10 connaître

18

E Relisez la section intitulée «Une famille américaine choisie spécialement pour vous» puis comblez les vides sans regarder le dépliant

Nos représentants américains se chargent _____ vous trouver une famille où vous _____ très bien accueilli. _____d'entre elles est choisie avec _____ _____ grand soin par nos coordinateurs _____, afin que vous vous sentiez très vite intégré dans votre _____ vie.

Ne _____ donc pas d'une exigence injustifiée _____ au lieu de séjour que nous allons vous trouver, _____ sur la composition exacte de cette famille, son niveau _____, ou la présence _____ d'un autre Français dans la famille.

Ses qualités _____ et sa gentillesse sont pour nous le _____ critère de qualité. Vous _____ savoir et _____ _____ oublier que votre famille d'accueil ne "_____" pas _____ hospitalité, elle _____ _____ offre.

Ce séjour _____ est _____ un séjour linguistique _____ un voyage touristique, mais la découverte d'un autre _____ de vie.

Vous _____ des U.S.A. enrichi et vous aurez _____ à créer des liens d'amitié durables.

F Imaginez-vous que vous êtes français(e). Vous voulez participer à un séjour linguistique EFCASELS en été: copiez et remplissez la demande d'inscription, en inventant des renseignements vraisemblables.

Assignments

1 Some American friends of yours are about to welcome a French guest into their family via the EFCASELS scheme. They expect that (s)he will be tired on arrival and so want to have some French up their sleeve for the first evening: they've asked you to supply them with some useful vocabulary . . .

- How do you say 'Welcome to the States'?
- How do you say 'Let me introduce you to . . .'?
- What about 'You must be tired after your long journey'?
- And 'We decided to speak to you in French this evening, but it's English from tomorrow onwards'?
- How would you ask whether (s)he's eaten on the 'plane and whether (s)he fancies something to eat?
- What about asking him/her whether (s)he likes American food?
- How would you say 'It's quite a long way from our house to the airport, so we thought that we'd stop off at a restaurant on the way home'?
- How would you say 'We're pleased to have you with us and hope you enjoy your stay'?

2 EFCASELS veut organiser des séjours linguistiques dans votre région en Angleterre. La municipalité (*town council*) lance un concours destiné à toutes les écoles de la région pour faire des brochures de publicité *en français* qui expliqueraient les avantages d'un séjour dans votre ville. Mettez-vous en paires ou en petits groupes et divisez votre brochure en plusieurs sections:

- le nom et la situation de votre ville
- les distractions et les endroits à visiter
- les traditions et la cuisine de la région
- les randonnées (*excursions*) et les réseaux de transport
- la proximité d'autres villes
- la population et le logement
- les établissements scolaires, les maisons des jeunes et les maisons de la culture (*arts centres*)

LES OFFRES FAMILLES

LES TRAINS DE JOUR : Une façon bien agréable de voyager en famille. Que vous partiez pour un week-end ou pour les vacances, sachez qu'il existe toujours une solution pour vos voyages en famille.
La SNCF a tout prévu pour vous aider à bien voyager : des horaires pratiques, la possibilité de réserver vos places en 1re ou 2e classe, la restauration à bord dans de très nombreux trains, l'enlèvement et la livraison des bagages à domicile, la location d'une voiture à l'arrivée et bien d'autres services encore.
Alors, profitez du temps de voyage pour vous retrouver et vous amuser, et redécouvrez le plaisir de voyager en famille.

LES TRAINS DE NUIT : Endormez-vous ici, réveillez-vous là-bas. Arrivez détendus et reposés et gagnez du temps pour vos week-ends ou vos vacances.
Couchettes ou voitures-lits, en 1re ou 2e classe vous offrent de nombreuses possibilités de voyage en famille en toute tranquillité.

LES TRAINS AUTOS ACCOMPAGNÉES :
Vous souhaitez disposer de votre propre voiture sur votre lieu de destination et éviter les fatigues de la route, rien de plus facile, emmenez-la avec vous !
Avec le train, c'est possible de jour comme de nuit, sur simple réservation.
Pour connaître dans le détail la liste des relations ouvertes à ce service ainsi que les conditions de transport, n'hésitez pas à consulter notre brochure "Trains autos accompagnées".

LA LOCATION DE VOITURE

Une voiture qui vous attend à la descente du train, c'est pratique et simple grâce au service TRAIN + AUTO SNCF ouvert dans 210 gares. Et vous pouvez désormais réserver votre voiture en même temps que votre place dans plus de 2 150 gares.

JEUNE VOYAGEUR SERVICE :

Si votre enfant a de 4 à moins de 14 ans, et si vous ne pouvez pas l'accompagner, confiez-le à une de nos hôtesses JVS : pendant les vacances scolaires, sur un grand nombre de destinations et pour un prix modique, celle-ci animera son voyage et veillera sur lui jusqu'à ce qu'il retrouve la personne venue l'attendre à l'arrivée.

Pour en savoir plus, consultez notre brochure "Votre enfant voyage en train".

LE SERVICE BAGAGES :

Pour voyager "léger", faites enregistrer vos bagages. Vous payez simplement un droit fixe par bagage (dans la limite de 3 par voyageur).

• Que pouvez-vous expédier en bagage ? Les valises (30 kg maximum pour chacune), vélos, cyclomoteurs (moins de 50 cc), skis et planches à voile sur certaines relations.

• Les bagages ne sont pas toujours acheminés par les mêmes trains que ceux qui sont empruntés par les voyageurs. Mais vous avez la possibilité de les faire enregistrer plusieurs jours à l'avance.

• Vous pouvez également les faire enlever et livrer à domicile dans plus de 1 000 localités.

LES TRAINS FAMILLES

La SNCF vous propose sur la plupart de ses lignes de l'Ouest et du Sud-Ouest, dans de nombreux trains, des aménagements spécialement étudiés pour faciliter les voyages avec enfants :

L'ESPACE-JEUX :

Un véritable terrain de jeux pour amuser les enfants et faire passer les kilomètres, jeux d'éveil pour les petits, cages à poule, chevaux à ressort, filet de singe pour les plus grands.

LE COMPARTIMENT FAMILLE :

C'est la possibilité, pour vous, vos enfants, parents ou amis, de voyager en toute intimité en réservant, moyennant un prix forfaitaire*, tout un compartiment places assises 1re ou 2e classe le jour et couchettes 2e classe la nuit. Il suffit d'être 4 personnes au minimum dont au moins 1 enfant de moins de 12 ans.

* Prix de la réservation (hors billet) au 1.4.86. Train de jour 88 F. Train de nuit 426 F couchettes incluses.

LE COIN NURSERIE :

Tout a été prévu pour Bébé : un coin nurserie vous permettra de le changer en toute tranquillité et des prises spéciales vous permettront d'utiliser votre chauffe-biberon.

LA RESTAURATION ENFANT :

Un vrai service de restauration adapté aux besoins des grands et des petits (menu spécial).

LES BAGAGES :

Dans tous les Trains Familles de jour, vos bagages enregistrés voyagent en même temps que vous. Renseignez-vous dans les gares. Pour en savoir plus, consultez notre dépliant spécial "Trains Familles".

LES PRIX

LA CARTE COUPLE/FAMILLE :

La Carte Couple/Famille vous permet d'obtenir, en 1re comme en 2e classe, 50 % de réduction à partir de la 2e personne (la 1re personne payant le plein tarif) [1]. Si 2 personnes de la même famille voyagent ensemble, il suffit de commencer chaque trajet en période bleue. Si 3 personnes au moins de la même famille voyagent ensemble, il suffit de commencer chaque trajet en période bleue ou blanche.

La Carte Couple/Famille est établie gratuitement et valable 5 ans.

Et si vous devez voyager à l'étranger, renseignez-vous dès maintenant sur notre nouvelle carte "Rail Europ F". Elle vous permettra également, sous certaines conditions, de voyager à moitié prix dans plus de 15 pays d'Europe.

LA CARTE FAMILLES NOMBREUSES :

Pour toutes les familles qui comptent au minimum 3 enfants dont l'un au moins n'a pas encore 18 ans, réduction de 30 à 75 % (variable selon le nombre d'enfants) pour les parents et les enfants de moins de 18 ans.

La Carte est individuelle et utilisable tous les jours, en 1re comme en 2e classe, la réduction étant toujours calculée sur la base du tarif 2e classe.

LE BILLET CONGÉ ANNUEL :

Vous êtes salarié [2], vous bénéficiez de 30 % de réduction en 1re comme en 2e classe, en toutes périodes, pour un voyage aller-retour d'au moins 200 km.

Cette réduction est portée à 50 % si vous commencez chaque trajet en période bleue et si vous acquittez au moins la moitié du prix du billet avec des chèques-vacances. Votre conjoint et vos enfants de moins de 21 ans peuvent figurer sur votre billet.

LA TARIFICATION ENFANT :

Les enfants de moins de 4 ans voyagent gratuitement. Pour les enfants de 4 à moins de 12 ans : réduction de 50 % sur le prix perçu pour un adulte, cumulable avec les réductions applicables à ce dernier.

Exemple : Un enfant de 9 ans voyageant avec ses parents aux conditions du tarif Couple/Famille bénéficie d'une réduction de 75 % sur le plein tarif.

LE BILLET BAMBIN :

Si votre enfant a moins de 4 ans et que vous voyagez dans un Train Familles, achetez-lui un Billet Bambin (75 % de réduction sur le prix payé par un adulte et cumulable avec les réductions applicables à celui-ci). Il pourra ainsi bénéficier d'une place distincte (assise ou couchée) ce qui améliorera encore le confort de votre voyage.

(1) Sont assimilés à la première personne payant plein tarif : • dans les groupes familiaux composés exclusivement d'enfants de moins de 12 ans, un enfant de 4 à 12 ans ayant payé le tarif normal (50 % du prix du billet place entière) • les titulaires d'abonnement ordinaire à libre circulation ou à demi-tarif dans les limites de la validité de leur carte et du parcours couvert par cette dernière.
(2) Sous certaines conditions, billet délivré aux demandeurs d'emploi.

A   Answer in English

1 If you and your family travel during the day on an SNCF train, what are you promised regarding (a) seats (b) food (c) luggage?
2 What does this leaflet claim is the advantage of your taking a sleeper?
3 Do you have to travel at a particular time of day, if you want to have your car transported too?
4 What does the SNCF offer, if you prefer to hire a car once you've arrived at your destination?
5 What is the job of the JVS hostesses?
6 If you want to travel light, what kind of luggage can you have sent on? What can't be guaranteed?
7 What are the conditions for being able to book a whole compartment for the family?
8 What can a mother do in nursery corner?
9 Who pays a reduced fare on the «Couple/Famille» card?
10 Who can take advantage of the «Congé Annuel» ticket and for what kind of journeys?
11 How much would (a) a child of 3 (b) a child of 9 have to pay, if they were travelling with their parents on a «Couple/Famille» card?
12 What's the one advantage of your buying a «Billet Bambin» for a very young child?

B   Complétez le résumé en français

LES OFFRES FAMILLES

Exemple: Les trains de jour
   Horaires: *pratiques*
   Places: *1re ou 2e classe*
   Bagages: *peuvent être enlevés et livrés à domicile*

Voiture: *peut être louée à votre destination*

1 *Les trains de nuit*
   Avantage:
   Voitures:

2 *Les trains autos accompagnées*
   Quels trains?:
   Dépliant à consulter:

3 *La location de voiture*
   Le service qui s'en occupe:
   A combien de gares?:
   Réservation (quand et où?):

4 *Jeune Voyageur Service*
   Enfants concernés:
   Pendant quelle période?:
   Ce que fait l'hôtesse:

5 *Le service bagages*
   La limite:
   Les bagages permis:
   Ce qu'on ne peut pas garantir:

LES TRAINS FAMILLES

6 A quoi sert l'espace-jeux?:
7 Réservation d'un compartiment famille:
8 A quoi sert le coin nurserie?:
9 Le service de restauration offert:
10 Le transport des bagages:

LES PRIX

11 *La Carte Couple/Famille*
   Les tarifs réduits:
   Prix et durée de la carte:
   L'avantage de la carte "Rail Europ F":

12 *La Carte Familles Nombreuses*
   Ce qu'on entend par 'famille nombreuse':
   La réduction et l'usage:

13 *Le Billet Congé Annuel*
   Ceux qui en profitent:
   Pour quels voyages?:
   Pour quels membres de la famille?:

14 *La tarification enfant*
   Tarif d'un enfant de moins de 4 ans:
   Celui d'un enfant entre 4 et 12 ans:

Avantage d'un Billet Bambin:

C   Trouvez la brebis galeuse

1 tarif, prix, réduction, réservation, forfait
2 bagages, places, affaires, valises, malles
3 horaire, trajet, voyage, aller-retour, déplacement
4 détendu, reposé, épuisé, décontracté, tranquille

D   A tes ordres!

D'habitude, dans les brochures de publicité on vouvoie les gens (Achetez . . . !/Dépêchez-vous . . . !) Si vous préfériez le tutoiement, que diriez-vous:
1 Profitez du temps de voyage!
2 Redécouvrez le plaisir de voyager en famille!
3 Arrivez détendu et reposé!
4 Gagnez du temps!
5 Emmenez-la avec vous!
6 N'hésitez pas à consulter notre brochure!
7 Confiez-le à une de nos hôtesses!
8 Faites enregistrer vos bagages!
9 Consultez notre dépliant!
10 Achetez-lui un Billet Bambin!
11 Renseignez-vous dans les gares!
12 Réveillez-vous là-bas!
13 Endormez-vous ici!
14 Payez simplement un droit fixe de bagage!

E Indiquez l'expression anglaise qui correspond

pour en savoir plus
rien de plus facile
pour connaître dans le détail
vous avez la possibilité de
vous pouvez également
on vous propose
tout a été prévu
elle vous permet de
elle vous permettra également de
grâce à ce service
il suffit de
dès maintenant

it will also allow you to
they've seen to everything
thanks to this facility
for further details
you just have to
it allows you to
nothing simpler
for full information
it's suggested that you . . .
you have the chance to
as from now
you can also

F Un chasseur sachant chasser

Un enfant *qui voyage* avec ses parents, c'est un enfant *voyageant* avec ses parents

1 Un(e) salarié(e) *qui bénéficie* de 30% de réduction, c'est . . .
2 Une carte *qui vous permet* d'obtenir 50% de réduction . . .
3 Des couchettes *qui vous offrent* de nombreuses possibilités de voyage en famille . . .
4 Une voiture *qui vous attend* à la descente du train . . .
5 Une hôtesse *qui accompagne* les enfants de 4 à 14 ans . . .
6 Un voyage *qui commence* en période bleue . . .
7 Pour toutes les familles *qui comptent* au minimum 3 enfants . . .
8 Une place distincte *qui améliore* le confort de votre voyage . . .
9 Un voyageur *qui prend* le train tous les jours . . .
10 Un passager *qui sait* l'horaire par coeur . . .
11 Une famille *qui a* moins de 4 enfants . . .

Assignments

1 Jouons des rôles!

Vous êtes au guichet en train de demander une Carte Couple/Famille . . .

VOYAGEUR	EMPLOYÉ(E) DE LA SNCF
Will all the members of my family get a reduction?	
	No, the first person pays the full fare; the others then get a 50% reduction.
Can we use it at any time of day or night?	
	If two or more members of the same family are travelling together, you have to start your journey in what we call a 'blue period'.
What does that mean exactly?	
	Well, it depends on the month: on certain days of the week the 'blue period' is after midday or before midday and after 3 p.m.
Do you have an SNCF calendar which I can look at?	
	Yes, here we are. Here's some information about the 'Rail Europ F' card as well.
Thanks. By the way, when do I have to renew my 'Couple/Famille' card?	
	It's valid for five years.

2

Write a letter to the SNCF complaints department, following the guidelines below: you are a passenger who hasn't read the brochure!

- say that you have often travelled on SNCF trains and have always liked the comfort and the service
- last week you wanted to go to Clermont-Ferrand and to travel light, so you asked if you could send on four pieces of luggage via the luggage service
- you were told that the limit was three pieces of luggage, so you decided to take your suitcase with you in the compartment
- when you asked to have your skis sent on, you were told that this wasn't possible on the train that you were going to catch, and that your other luggage would probably travel on a different train
- you were also told that it is best (*il vaut mieux*) to have your luggage registered in advance
- you saw red (*se mettre en colère*) and decided to write to the SNCF to lodge a compliant (*faire une réclamation*)
- you look forward to hearing from them soon
Don't forget to set your letter out correctly:

Le Bureau des réclamations
La SNCF

(Lieu, date.)

Monsieur

(CORPS DE LA LETTRE)

Agréez, Monsieur, mes salutations,

(SIGNATURE)

La Fnac s'est spécialisée dans les produits de culture et de loisirs : la photo, le cinéma, la TV, la hi-fi, la vidéo, la micro-informatique, les disques, les livres, les articles de sport, les voyages.

Et dans le même temps, chaque Fnac est devenue un centre d'animation. Expositions photos, manifestations techniques, rencontres littéraires, studios de la musique, festivals de films, cours pratiques sur les techniques audiovisuelles, etc., y sont organisés régulièrement.

Une organisation originale

La première règle est de vendre toujours aux prix les plus bas. Ce que permet une politique d'achat appuyée sur de très gros volumes de vente.

La deuxième règle consiste à savoir exactement ce qu'on vend. D'où l'existence d'un Laboratoire technique testant impitoyablement l'ensemble des articles.

La troisième règle se résume ainsi : dire toute la vérité sur chaque produit et, quand besoin est, dénoncer les abus et les pratiques malhonnêtes.

Tirer le maximum de profit du système Fnac

Tout le monde peut profiter des avantages et des prix proposés par la Fnac.

Mais la Fnac c'est aussi un club rassemblant 400.000 personnes qui bénéficient, en tant qu'adhérents, de conditions spéciales.

Le principe et les avantages de l'adhésion

L'adhésion à la Fnac revêt un caractère strictement personnel.

En échange de la perception d'un droit d'adhésion, la Fnac délivre pour **une durée de 3 ans** une carte magnétique personnalisée (ou un carnet renouvelable) destinée à l'enregistrement des achats.

Cette démarche donne droit aux avantages suivants :

● **Un remboursement en espèces au bout de 12 règlements :**
– de 3 % des achats effectués dans les magasins à l'enseigne Fnac (sauf pour la librairie, les interventions SAV, la billetterie Alpha et le 2e Déclic).
– de 2 % des achats effectués dans les magasins agréés Fnac.

● **Un carnet d'adresses de magasins agréés Fnac**
De la literie au bricolage et de la maroquinerie à la parfumerie, ils consentent aux adhérents des remises importantes ou des prix nets et délivrent des bons de 2 % que la Fnac enregistre et rembourse en espèces.

La carte magnétique (ou le carnet d'adhérent) doit être présentée à la caisse à chaque règlement. Selon les magasins, l'opération s'effectue par un enregistrement automatique des achats (ou leur inscription sur le carnet d'adhésion).

La remise s'effectue uniquement pendant la période de validité de l'adhésion. En cas de non-renouvellement, les comptes des cartes périmées depuis plus d'un an sont annulés.

● **L'envoi à domicile de la revue d'information "Contact".**
Dans cette revue sont publiés les tableaux comparatifs des matériels, les tests du laboratoire de la Fnac, des bancs d'essais qui passent au crible les nouveautés, des enquêtes sur les nouvelles techniques de communication, des dossiers économiques et sociologiques...

● **Dans certaines Fnac l'accès exclusif** – sans droit d'entrée – **au club de location vidéo :** plus de 2000 cassettes proposées à un tarif très avantageux.

● **La priorité d'entrée aux amphis de la Fnac.**
Ce sont des cours théoriques et pratiques pour s'initier ou se perfectionner aux techniques audiovisuelles : la photo, le son, la vidéo et la micro-informatique (activités gratuites - uniquement sur inscription).

● **La réduction de prix pour les parkings** de Fnac Montparnasse et Fnac Étoile (1 h de parking gratuit pour 100 F d'achats).

● **La réservation prioritaire** à certains programmes proposés par Fnac Voyages.

● **La possibilité d'avoir recours à des services spécialisés** facilitant le paiement :
La carte d'adhérent peut - sur demande et après acceptation du dossier – être investie d'une fonction supplémentaire de carte permanente de crédit. Cette formule appelée **compte permanent** permet le paiement échelonné et "à la carte" des achats (pour plus de détail se renseigner au service "crédit").

Les conditions à remplir

Un service adhésion fonctionne dans chacun des magasins Fnac :
● il assure l'enregistrement des demandes d'adhésion. La carte (ou le carnet d'adhérent) est délivrée immédiatement.
● il propose également à Paris et à Lyon l'adhésion facultative à l'association culturelle Alpha (40 F par an à Paris).

Cette association propose à ses membres un grand nombre de spectacles à tarifs préférentiels (20 à 40 % de réduction), elle envoie à domicile un programme d'information, elle produit ou co-produit chaque année plusieurs spectacles de qualité.

N.B. : *Les membres d'une même famille résidant à la même adresse peuvent chacun obtenir une carte d'adhésion à moitié prix.*

Coût de l'adhésion : 60 F
comprenant l'adhésion à la Fnac et l'envoi à domicile de Contact, pendant une durée de 3 ans.

Carte familiale supplémentaire : 30 F.

Renouvellement de l'adhésion
à la Fnac et l'envoi à domicile de Contact : 30 F pour 3 ans.

Adhésion facultative à Alpha
réservée aux adhérents de la Fnac : 40 F par an (Paris).

Réf. 203 (9/84)

A   Answer in English

1 What are the different kinds of technical equipment that you can buy at a Fnac?
2 Apart from selling certain goods, what else does every Fnac offer you?
3 What is Fnac's attitude to prices, and how is this made possible?
4 Why can Fnac assure you of the good quality of its merchandise?
5 What is Fnac's golden rule as regards trading?
6 What are you told about the validity and basic function of the Fnac card?
7 Can it be used for discount on books and records?
8 Is it only valid for discount purposes in an actual Fnac establishment?
9 If you don't renew your membership, what happens?
10 How can you find out about new products and their relative quality, if you are a Fnac member?
11 What's the attraction of Fnac for a film buff?
12 What kind of lectures and practical sessions are on offer at Fnac?
13 Indicate two other practical facilities on offer to Fnac members.
14 Can anyone anywhere join the cultural organisation Alpha?
15 Is the whole family included on a single membership card?

B   Vrai ou faux?

1 La Fnac est non seulement une librairie mais aussi un magasin vendant des appareils électroménagers.
2 Chaque Fnac est aussi une petite maison de la culture.
3 Les produits y sont moins chers parce que leur qualité ne peut pas toujours être garantie.
4 Les marchandises sont testées avant la mise en vente.
5 Il y a presque un demi-million d'adhérents de la Fnac.
6 Il faut faire renouveler sa carte d'adhésion tous les ans.
7 Si vous achetez des disques ou des livres, une carte d'adhésion vous permet de demander un remboursement de 3%.
8 Il n'y a pas que la Fnac qui vous offre ce service, si vous avez une carte d'adhésion.
9 La remise n'est possible que si vous n'avez pas oublié de renouveler votre adhésion.
10 *Contact* est un magazine destiné exclusivement aux scientifiques.
11 On peut seulement louer des vidéocassettes, si l'on a acheté un magnétoscope (*video-recorder*) à une Fnac.
12 Les amateurs de photographie et les informaticiens en herbe (*budding computer scientists*) y trouveront de quoi les intéresser.
13 Tout adhérent peut stationner gratuitement dans un parking de la Fnac, même s'il n'a rien acheté.
14 La Fnac est aussi une agence de voyages.
15 L'adhésion à Alpha est gratuite et peut se faire dans presque toutes les grandes villes.

C   Complétez le tableau ci-dessous

bricoler	bricoleur	
	animateur	animation
	locataire	
acheter	acheteur	
	opérateur	
organiser		
	expositeur	
informatiser	informaticien	
adhérer		

D Comblez les vides sans regarder le dépliant

1 La deuxième règle consiste _____ savoir exactement ce qu'on vend.
2 La possibilité _____ avoir recours _____ des services spécialisés.
3 L'adhésion _____ la Fnac.
4 La Fnac s'est spécialisée _____ les produits _____ culture et _____ loisirs.
5 Un remboursement _____ espèces _____ bout _____ 12 règlements.
6 Des enquêtes _____ les nouvelles techniques _____ communication.
7 La Fnac délivre _____ une durée _____ 3 ans une carte magnétique personnalisée destinée _____ l'enregistrement _____ achats.

E Exprimez autrement

Exemple: Les membres d'une même famille *résidant* à la même adresse = Les membres d'une même famille *qui résident* à la même adresse.

1 Des services spécialisés *facilitant* le paiement.
2 Un club *rassemblant* 400 000 personnes.
3 Un Laboratoire technique *testant* l'ensemble des articles.
4 Un compte permanent *permettant* le paiement échelonné.

Avec son système de sélection par tests, la Fnac a inventé ce qu'on pourrait appeler le Service Avant Vente. Au fil des années, ces tests en laboratoire sont devenus une institution. Et les dossiers Fnac une valeur de référence. Ce qui amène le lecteur au deuxième service de la Fnac, celui de l'assistance pendant l'achat. Tous les appareils sont exposés et étiquetés en correspondance avec les tableaux comparatifs. Et pour chaque type d'appareils, des vendeurs spécialisés sont formés pour vous renseigner et vous aider à choisir. Quant au Service Après Achat, la Fnac l'a organisé comme un système qui peut vous suivre pendant toute la durée de vie de votre appareil. Et qui, bien plus qu'un argument de vente, est destiné à servir. A l'acheteur d'en profiter. Crédit sans frais, livraison gratuite, garantie pièces, main-d'œuvre et déplacement, S.A.V. 24 heures... et bien sûr la faculté de souscrire le contrat Fnac qui multiplie par 2 la garantie des téléviseurs sélectionnés. Soit 6 ans. La surface de cette annonce ne suffirait pas à décrire en détail les modalités et les possibilités de tous ces services Fnac. Autant vous reporter au nouveau dossier T.V. magnétoscopes. Ou tout simplement, venez en parler à la Fnac.

Brillant L'assistance TV-magnétoscopes de la Fnac intervient avant, pendant, après.

fnac

5 Une revue *contenant* les tableaux comparatifs des matériels.

6 Un système *choisissant* de nouvelles modalités de paiement.

7 Un établissement *se spécialisant* dans les produits de culture et de loisirs.

8 Un coût de 60 F *comprenant* l'adhésion à la Fnac et l'envoi à domicile de «Contact»

9 Un centre d'animation *préférant* favoriser les activités culturelles.

10 L'adhésion *commençant* dès réception de la formule.

F   En un mot

Exemple: Les achats *qu'on effectue*: Les achats *effectués*.

1 Les bons *qu'on enregistre*
2 Les festivals *qu'on organise*
3 Les cassettes *qu'on propose*
4 Les produits *qu'on teste*
5 La revue *qu'on envoie* à domicile
6 L'adhésion à Alpha *qu'on réserve* aux adhérents de la Fnac
7 La formule *qu'on appelle* «compte permanent»
8 Les cartes *qu'on renouvelle* chaque année
9 Les pratiques malhonnêtes *qu'on dénonce*
10 Les mesures *qu'on prend*
11 Les comptes *qu'on annule*
12 Les conseils *qu'on suit*
13 Les spectacles *qu'on produit*
14 Les demandes *qu'on rejette*
15 Les avantages *qu'on offre*

Assignments

1 You have decided to become a member of Fnac and write to, or telephone, the company to apply for membership. Follow the guidelines below:

- you have just seen one of their leaflets in a Fnac branch (*une succursale*)
- you have read it through and you'd like to become a member of Fnac
- enclosed herewith/to be sent soon a cheque for 90 F made payable to (*libellé au nom de*) Fnac to cover the membership fee for yourself and your brother/sister
- please send the card to home address which is written below/as follows (*ci-dessous/comme suit*)
- you would like to know if the Fnac in your area has a video hire club and, as you live in Lyon, how you can join Alpha
- do they intend to allow discount on books in the near future (*prochainement*), since you are an enthusiastic reader
- end the letter/telephone conversation politely

2 Design a French poster that will catch the eye for this new Fnac membership card, supplying brief information about the following:

- the products on sale
- the types of activity on offer
- the card's appearance (diagram)
- your entitlement to discount
- «Contact»
- the video hire club
- other special facilities

28

La Part-Dieu, centre commercial

LE GRAND ESPACE SHOPPING
THE ULTIMATE SHOPPING SPACE

la Part-Dieu
c'est mieux !

La Part-Dieu, le plaisir du choix.

A la Part-Dieu, plus de 250 boutiques et grands magasins, regroupés sous un même toit, vous permettent de comparer et de choisir en toute liberté, pour faire les meilleurs achats. Avec l'aide souriante des hôtesses (niveau 2, près de la Fontaine Centrale), l'accueil et le conseil des commerçants, vous pouvez réussir vos achats facilement, sans fatigue inutile, dans une ambiance agréable et climatisée.

La Part-Dieu, un lieu privilégié où il fait bon flâner.

Hiver comme été, vous êtes bien à la Part-Dieu...

La Part-Dieu, le rendez-vous des Lyonnais.

Et quand vous êtes bien, vous achetez mieux... Hiver comme été, c'est le printemps à la Part-Dieu !

La Part-Dieu, matin, midi et soir.

Le Centre Commercial est ouvert du lundi au samedi sans interruption du matin au soir.

Pour voir un film entre amis, boire un verre, ou vous retrouver autour d'une bonne table, donnez-vous rendez-vous à la Part-Dieu

Avec bien sûr, Euromarché, les cinémas, restaurants, discothèque et bowling ouverts en nocturne.

dans ce centre animé où il y a toujours quelque chose de nouveau à découvrir !

La Part-Dieu, les services qui vous facilitent la vie.

Tabac : au niveau 1, allée du Rhône au niveau métro.
Téléphone : des taxiphones sont à votre disposition à tous les niveaux du Centre Commercial, ainsi qu'une téléboutique située au niveau métro.

P.T.T. : une boîte à lettres vous attend niveau 2, porte de l'Esplanade. Des bureaux

P.T.T. Part-Dieu (rue Garibaldi) et Lafayette (cours Lafayette) sont également à proximité immédiate du Centre Commercial.
Toilettes : les toilettes se trouvent au niveau 1, sous la Fontaine Centrale en bas de l'escalier situé face au Crédit Lyonnais. D'autres toilettes sont à votre disposition, à la sortie du Centre sur l'esplanade (niveau 2).
Banques : à la Part-Dieu, vous trouverez la Société Lyonnaise (groupe CIC), le Crédit Lyonnais, la Banque SOFINCO

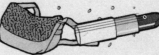

et un distributeur Crédit-Agricole. Un Point Argent est à votre disposition au niveau Métro.
Police, objets trouvés : au niveau métro.

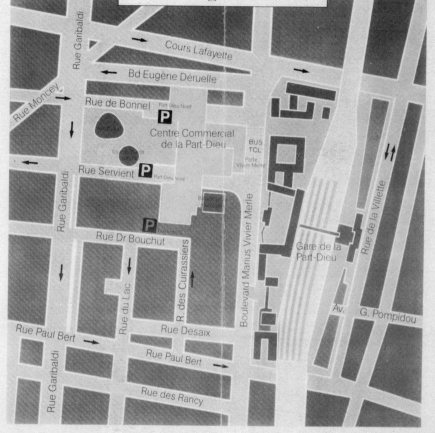

EN VOITURE

Pour vous garer, plus de 4 000 places de parking couvert vous permettent d'accéder directement au Centre Commercial. Choisissez votre entrée, rue de Bonnel, rue Servient ou rue des Cuirassiers.

EN BUS

12 lignes de bus desservent la Part-Dieu : 3, 25, 26, 28, 36, 37, 38, 41, 47, 59, 69, 70. De plus, le Bus-Express assure la liaison avec l'Isle-d'Abeau.

EN TAXI

À proximité du Centre Commercial, choisissez votre station de taxis :
– boulevard E.-Deruelle,
– rue des Cuirassiers,
– rue de Bonnel (à l'angle de la rue Garibaldi),
– rue Servient (tour du Crédit Lyonnais),
– ou en gare de la Part-Dieu.

EN MÉTRO

Descendez à la station Part-Dieu, vous arriverez en plein cœur du Centre Commercial.

EN TRAIN

La gare de la Part-Dieu est à 2 minutes à pied du Centre Commercial, par le couloir souterrain abrité, ou à l'air libre par les passerelles d'accès direct.

ACCÈS HANDICAPÉS

Garez-vous au niveau 0, 2 ou 4 du parking Part-Dieu Nord, pour accéder au Centre Commercial sans escalier.
Dans le parking des Cuirassiers, des ascenseurs vous mènent également aux différents niveaux de la Part-Dieu.
Pour circuler dans le Centre Commercial, empruntez les ascenseurs Galeries Lafayette.

A Answer in English

1 Why can la Part-Dieu claim to offer you a wide choice?
2 Why should you go to level 2, if you are bewildered by this vast shopping centre?
3 What makes the atmosphere particularly pleasant for shopping and strolling around?
4 What are the opening times of the shopping complex?
5 Are these times applicable to everything in the centre?

6 In which French town will you find la Part-Dieu?
7 Which three things do they suggest you might do with your friends here?
8 Is it easy to arrange for a taxi to come to pick you up?
9 Where would you go if you wanted to (a) post a letter (b) buy a postal order?
10 How many sets of loos are there?
11 If the banks are closed, is there any other way of getting cash?
12 Where should you go, if you lose something?
13 What has la Part-Dieu provided for the motorist?

14 Which are the two ways of getting from the mainline station to the shopping centre?
15 Why is it best for a handicapped person to go to the «Cuirassiers» car-park?

B Répondez en français

1 Combien de boutiques et de grands magasins y a-t-il?
2 Pourquoi y a-t-il des hôtesses dans la Part-Dieu?

3 Est-ce qu'il est désagréable de flâner dans ce centre commercial en été? Pourquoi (pas)?

4 La pause-déjeuner y dure combien de temps?

5 Est-ce que les cinés ferment à la même heure que les magasins?

6 Faut-il sortir héler un taxi, si l'on en a besoin?

7 Y a-t-il des bureaux de poste dans la Part-Dieu?

8 Si les banques sont fermées et que vous vouliez retirer de l'argent, que devez-vous faire?

9 Quels établissements trouverez-vous au niveau métro?

10 Combien de voitures peut-on garer à la Part-Dieu?

11 Est-ce que la gare est plus proche du centre commercial que la station de métro?

12 Comment les handicapés peuvent-ils facilement circuler dans la Part-Dieu?

C Relevez les termes français qui correspondent

1 baker's and cake-shop
2 fancy jewellery
3 beauty care
4 (early) fruit and veg
5 drycleaner's

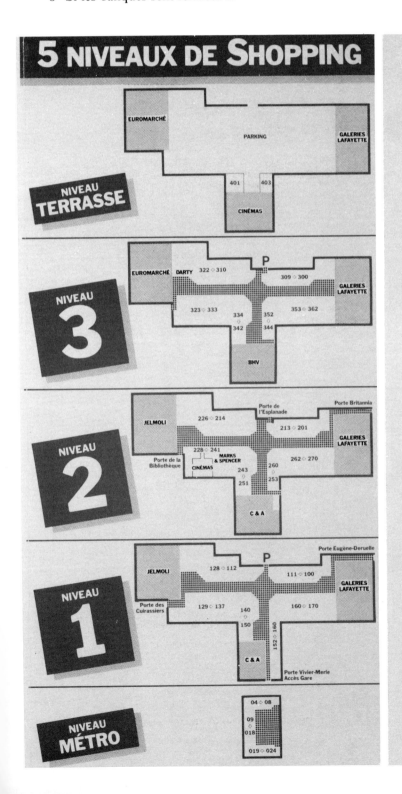

5 NIVEAUX DE SHOPPING

NIVEAU TERRASSE

EUROMARCHÉ — PARKING — GALERIES LAFAYETTE — 401 — 403 — CINÉMAS

NIVEAU 3

EUROMARCHÉ — DARTY — 322 ◇ 310 — P — 309 ◇ 300 — GALERIES LAFAYETTE — 323 ◇ 333 — 334 — 352 — 353 ◇ 362 — 342 — 344 — BHV

NIVEAU 2

JELMOLI — 226 ◇ 214 — Porte de l'Esplanade — Porte Britannia — 213 ◇ 201 — GALERIES LAFAYETTE — 228 ◇ 241 — MARKS & SPENCER — Porte de la Bibliothèque — CINÉMAS — 243 — 260 — 262 ◇ 270 — 251 — 253 — C & A

NIVEAU 1

JELMOLI — 128 ◇ 112 — P — 111 ◇ 100 — Porte Eugène-Deruelle — GALERIES LAFAYETTE — Porte des Cuirassiers — 129 ◇ 137 — 140 — 160 ◇ 170 — 150 — 152 ◇ 160 — C & A — Porte Vivier-Merle Accès Gare

NIVEAU MÉTRO

04 ◇ 08 — 09 — 018 — 019 ◇ 024

GRANDS MAGASINS / HYPERMARCHÉ

B.H.V.	78.62.32.64
C & A	78.62.83.16
GALERIES LAFAYETTE	78.71.70.29
JELMOLI	78.71.70.60
MARKS AND SPENCER	78.62.96.00
EUROMARCHÉ	78.62.87.98

BARS ET RESTAURANTS

K15	Baskins Robbins Ice Cream	78.60.57.66
129	Le Beluga restaurant	78.60.67.24
258	B & Burger fast-food	78.62.79.37
152	Le Café de Lyon restaurant	78.60.27.07
300	Cafeteria Lafayette self-service	78.71.00.43
152	Le Charolais restaurant	78.60.44.10
310	Clafoutis pâtisserie-sandwiches	78.60.39.58
005	La Croissanterie viennoiserie	78.95.21.53
K35	Croc'minute sandwiches	78.95.24.03
142	Les Cuirassiers bar	78.62.71.29
152	Free Time fast-food	78.62.91.90
K14	Galipette sandwicherie	78.95.18.28
340	La Grange restaurant fromages	78.62.62.87
166	Mc Donald's fast-food	78.95.01.84
024	Métro Bar bar	78.60.04.95
342	Au Nègre salon de thé, dégustation	78.95.49.86
403	Le Part Dieu restaurant	78.95.37.48
253	Le Petit Bourg self-service	78.60.39.52
K23	Petit Poucet sandwiches	
149	Pizza Paï pizzeria	78.95.13.93
214/310	Pizza Del Arte pizzeria	78.60.39.58
023	Pomme de pain sandwicherie	78.95.42.12
014	Restocrep' du métro crêperie	78.95.33.87
345	Roure salon de thé	78.62.36.30
134	Sirem Chaud crêperie, salon de thé	78.60.73.90
K33	Sorbets Part-Dieu glaces	—
K22	Sur Le Pouce sandwiches	—
232	Travelling Bar bar	78.62.71.18

ALIMENTATION

336	Charolaise/Codec boucherie/libre-service	78.62.34.30
338	Dame Nature produits diététiques	78.62.39.71
340	Fromagerie	78.62.62.87
K22	La Gâterie confiserie	
K34	Produits Régionaux charcuterie	78.60.07.05
344	Au Nègre café, thé	78.62.39.38
345	Roure boulangerie-pâtisserie	78.62.36.30
K32	Saigon Spécialités spécialités asiatiques	78.62.61.33
352	Table Lyonnaise épicerie fine	78.60.59.74
331	La Taste épicerie fine	78.60.52.34
339	Le Tout Cuit traiteur dégustation	78.62.62.87
335	Voisin confiserie, café, thé	78.60.10.56
349	Vergers Lyonnais primeurs	78.62.39.51

HABILLEMENT

318	Adolphe Lafont vêtements travail	78.95.20.37
116	Alain Manoukian vêtements mixtes	78.62.73.90
136	Alain Manoukian tricots femmes	78.62.31.84
170	Alter Ego vêtements femmes	78.60.05.80
162	Armand Thiery vêt. hommes et femmes	78.62.64.14
161	Atrium vêtements hommes	78.60.72.20
012	Bamyan vêtements afghans, accessoires	78.95.36.97
159	B.B.C. One vêtements mixtes	78.60.16.57

6 ladies' knitwear
7 unisex hairdresser's
8 health foods
9 tea shop
10 heel bar
11 china and glass
12 men's clothing
13 stationer's
14 electrical household equipment
15 riding gear
16 bookshop and newsagent's
17 travel agent's
18 confectioner's

19 toys and models
20 wallpaper
21 carpets
22 car accessories
23 Japanese crafts
24 Post Office information
25 sewing machines
26 delicatessen

D Trouvez les solutions à ces anagrammes

1 COTIPENI
   Grâce à lui, on voit mieux.
2 AFRIPEMURE
   Ça sent bon!
3 ADUCEA
   C'est pour offrir?

267	Benetton pulls sportswear	78.71.02.40
221	Bengali tissus ameublement	78.62.38.33
218	Bouchara tissus ameublement	78.62.33.30
168	Bruno St Gall-Rodier Monsieur vêt. hommes	78.62.03.20
111	Burton of London vêt. hommes et femmes	78.62.31.93
263	Canne à Sucre vêtements femmes	78.71.03.89
161	Casual vêtements hommes	78.60.72.20
160	Centmil Chemises vêtements hommes	78.62.37.67
212	Chabala	78.62.88.29
209	Charles Richard	78.60.16.44
160	Clip's vêtements mixtes	78.60.93.17
126	Comme Ça La Part-Dieu sportswear	78.95.24.79
217	Côté Femme vêtements femmes	78.62.08.59
128	Daniel Corot vêtements hommes	78.60.92.50
135	Daniel Hechter hommes femmes enfants	78.60.05.82
137	Devernois vêtements femmes	78.95.21.62
262	Doucia vêtements femmes	78.95.29.31
228	Etam lingerie confection femmes	78.62.37.74
249	Hety Benk vêtements femmes	78.95.48.55
140	Fly Boutique vêtements hommes	78.71.00.69
246	Fer 7 vêtements hommes	78.95.40.39
167	Joggara jogging hommes femmes enfants	78.62.62.32
157	Garry vêtements hommes	78.95.45.64
260	Golf Spring vêt. hommes, sportswear	78.42.12.33
239	Greenfield vêtements hommes, sportswear	78.42.12.33
134	Hervé Monssigny vêtements hommes	78.62.76.27
264	Infinitif Saphir vêtements femmes	78.60.15.37
224	Irène Clayeux layette	78.60.58.19
244	Jacadi vêtements enfants	78.62.70.24
219	Jacqueline Riu vêtements femmes enfants	78.60.62.05
208	Jos Fourrures	78.62.70.83
103	Kanaïs vêtements femmes	78.95.11.23
353	Équateur vêtements femmes sportswear	78.60.55.28
134	Laser enfants	78.62.90.79
134	Laser vêtements mixtes	78.62.90.79
126	Les Dessous d'Eloïse lingerie féminine	78.95.10.54
007	Levi's vêtements mixtes	78.60.28.36
260	Moreteau vêtements hommes femmes	78.42.12.33
209	New Man hommes femmes enfants	78.62.66.22
266	Normann M.G. vêtements femmes	78.62.32.63
158	Number One jeans mixtes enfants	78.60.34.67
216	O'Dara vêtements femmes	78.62.37.79
255	Pull Plus pulls	78.95.01.59
260	Oliver Grant 2 vêt. hommes sportswear	78.42.12.33
152	Pantashop hommes femmes enfants	78.62.35.33
170	Petit Bateau enfants	78.60.18.92
203	Phildar laine, bonneterie	78.62.33.23
134	Pierbé vêtements femmes	78.62.74.84
241	Pimckie vêtements femmes	78.62.70.80
235	Pingouin laine, bonneterie	78.62.33.96
268	Prémaman maternité enfants	78.62.38.49
250	Prénatal maternité enfants	78.71.06.82
223	Promod vêtements femmes	78.62.34.82
127	Régine vêtements femmes	78.60.62.72
211	Rodier vêtements femmes	78.62.61.41
133	Ruelle jeans mixtes enfants	78.62.36.04
106	Scénario vêtements femmes	78.95.09.43
169	Scooter vêtements mixtes	78.95.46.30
206	Snowball vêtements fantaisie, cadeaux	78.60.93.87
237	Sunkia vêtements femmes	78.62.31.55
212	Sweaterie pulls sportswear	78.62.88.29
137	Ted V Prestige vêtements hommes	78.71.01.58
165	Tomato Benetton 2 mixte sportswear	78.71.02.40
160	Triangle vêtements femmes	78.60.93.17
106	Tricots Caroll pulls-over femmes	78.60.30.04
146	Triof' en enfants femmes	78.60.75.61
243	Unanyme vêtements femmes	78.62.70.26
134	L'Usine vêtements femmes	78.62.63.44

CHAUSSURES

110	André	78.62.36.22
204	Bally	78.62.38.71
265	Bata	78.62.31.72
132	Byron	78.62.36.17
220	Chausséria	78.71.00.88
125	Eram	78.62.39.19
163	Étoile	78.62.66.71
102	France Arno	78.60.65.25
229	Heyraud	78.62.61.62
212	Jean Barnasson	78.62.36.13
117	Manfield	78.62.38.41
269	Minelli 2	78.62.33.84
130	Minelli 1	78.62.39.84
222	Myris	78.71.00.59
134	La Petite Rose	78.62.34.08
104	Orcade	

Spécialistes Enfants

145	Babybottes-Beverly	78.60.86.22
254	Till	78.62.34.44

BANQUES

257	Crédit Agricole	78.95.39.65
112	Crédit Lyonnais	78.62.30.41
112	Société Lyonnaise	78.62.38.11
323	Sofinco	78.62.81.44
Métro	Point Argent	

ÉQUIPEMENT DE LA MAISON

303	Actua meubles, décoration, cadeaux	78.60.52.71
213	Cambet orfèvrerie, cadeaux	78.62.64.40
202	Charles Courtieu linge de maison	78.62.32.60
319	Darty électroménager, hifi, vidéo	78.62.71.11
236	Descamps linge de maison	78.62.31.44
329	Dom Papiers Peints papiers peinture	78.62.33.93
312	Domix cuisines	78.60.99.36
361	Dromard Cuisines meubles de cuisine	78.60.62.91
147	Geneviève Lethu décoration maison/cuisine	78.60.82.41
226	Habitat meubles, décoration	78.95.22.50
129	La Soupière vaisselle	78.95.27.40
316	Mobilier de France meubles Lyon 2000	78.62.64.48
334	Orange décoration intérieure	78.60.84.22
207	Orfèvrerie de la Part-Dieu cadeaux, orfèvrerie	78.62.34.40
124	Pier Import meubles décoration	78.62.61.84
356	Raoul Courtieu décoration literie	78.62.93.32
331	Samco-Pelletier machines à coudre, à tricot	78.62.71.50
322	Sol Super papiers peints, revêtements, décoration	78.62.31.46
309	Tedd hifi, vidéo	78.95.40.75
324	Tapis Center tapis	78.62.37.70
308	Visea location T.V.	78.62.85.82

32

4 UREMUF
    Antitabagiste? Pas lui!
5 TELYATE
    Tout pour le bébé.
6 HUBOERICE
    On n'y aime pas tellement les
    végétariens.
7 SEMBULE
    Canapés? Fauteuils? Buffets?

E Trouvez le contraire dans la description de la Part-Dieu

1 en haut de l'escalier
2 rien de nouveau
3 pire
4 avec difficulté
5 désagréable
6 les mêmes toilettes
7 très loin de

F Cherchez également les synonymes

1 des taxiphones sont pour vous
2 naturellement
3 ouverts tard le soir
4 rassemblés
5 faire un tour à pied
6 stationner
7 au beau milieu du centre commercial

CADEAUX, GADGETS

020	Cards Shop cartes, gadgets	78.60.72.35
329	La Carterie cartes, gadgets	78.62.72.11
108	Daimaru artisanat japonais	78.62.64.02
362	Exopotamie	78.95.48.91
134	Hopla gadgets américains	78.60.88.85
328	Off Broadway gadgets américains	78.95.16.73
124	Pier Import artisanat exotique	78.62.61.84
146	Players cadeaux hommes	78.62.09.09
019	4 Sous gadgets	78.62.99.68

LIVRES, JOUETS

323	Flammarion librairie presse	78.62.33.04
359	France Loisirs librairie, disques	78.95.43.46
357	Le Ludo jouets modélisme	78.95.13.30
307	Lire et Voir librairie, presse, club vidéo	78.62.64.03
327	Maxi Livres librairie	78.95.18.80
157	Presse Loisirs librairie presse	78.60.02.29
356	Tome 3 librairie B.D.	78.95.49.79
325	Tout pour le Dessin papeterie	78.62.70.30

BIJOUTERIES

164	M.P. Cardinet	78.62.38.88
134	Envol bijoux fantaisie	78.60.81.67
K12	La Tourmaline bijoux fantaisie	78.60.72.70
114	Gutty Omega	78.60.06.02
354	La Pierre Taillée bijoux fantaisie, minéraux	78.60.64.80
333	Scandy bijoux fantaisie	78.60.52.16
131	Vincara	78.62.64.44

MAROQUINERIES

107	La Bagagerie	78.60.40.67
305	Barry	78.71.04.13
210	Lancel	78.62.31.47
129	Selleries de France	78.60.01.73
134	Samarcande	78.62.61.31

HYGIÈNE ET SOINS

115	Contact Optique opticien	78.62.33.74
302	Les Frères Lissac opticien	78.62.68.10
215	Grande Parfumerie Lyonnaise soins esthétiques	78.71.06.80
130	Grande Pharmacie de la Part-Dieu	78.71.00.54
332	Ophélia parfumerie soins esthétiques	78.95.48.99
119	Ophélia 1 parfumerie	
270	Sephora parfumerie	78.95.29.92
134	Chris Valentino coiffure mixte	78.62.73.76
201	Welcome Coiffure coiffure mixte	78.62.39.07
231	Yves Rocher parfumerie, soins esthétiques	78.62.38.01

LOISIRS, SPORTS

257	Athlete's foot vêtements articles sport	78.95.31.46
317	Autoquip accessoires auto	78.60.57.33
Porte Deruelle	Bowling Part-Dieu	78.62.64.32
234	Cinémas U.G.C. 2	78.62.81.13
402	Cinémas U.G.C. 4	78.62.93.03

244	Courir vêtements chaussures sport	78.71.07.34
007	École de Danse	78.62.97.71
301	Équip' Cheval articles équitation	78.60.94.44
121	Go Sport articles sport	78.62.34.34
330	Guillard & Bizel instruments musique	78.95.12.38
Niv. 1	Manège Enfantin	
Porte Deruelle	Le Paladium discothèque	78.95.12.93
144	Le Strike jeux automatiques	78.62.67.82
150	Tandy matériel électronique	78.95.21.33
325	Temps X jeux électroniques	78.60.99.71

SERVICES

205	Agence Française de Tourisme agence de voyages	78.62.36.14
013	A Votre Service clés, talons minute, gravure	78.60.69.95
K12	Demeures Caladoises maisons individuelles	78.62.71.30
008	École de Conduite	78.95.32.34
352	Florotec fleurs, plantes	78.71.00.22
251	Fotofast développement rapide, photos	78.95.01.83
314	Foto-service	78.71.01.00
006	Mains Ouvertes accueil inter-confessionnel	78.62.73.73
014	Maisons Cosmos maisons individuelles	78.95.35.37
118	Maison du Fumeur tabac, loto, articles fumeurs	78.62.76.00
024B	Tabac du Métro	78.60.85.42
350	Mister Minit imprimerie, clés, talons minute	78.62.93.17
010	Entretien des textiles, pressing	78.60.92.20
350	Prop à sec pressing	78.62.31.79
214	Stand Minute clés, talons minute	78.60.31.95
015	Téléboutique renseignements PTT	14
159	Voyages Lafond agence voyages	78.62.90.02
Métro	Poste de Police	78.62.30.37

la Part-Dieu
c'est mieux!

Hôtesses d'accueil	78.62.66.50
Direction Centre Commercial	78.62.90.13

EDICO PUBLICIS / IMPRIMÉ EN FRANCE / RC LYON 67 B 137

Assignments

1 **Stage «hôtesses d'accueil»**

Prepare a 'Spiel' in French for one of these hostesses, welcoming a visitor to la Part-Dieu and supplying the following information:

- the shopping centre is on five levels
- you can get to the underground station via the basement, and there are over 4,000 parking spaces
- there are a few department stores and a hypermarket which is on two levels
- there are lots of bars and restaurants to choose from and an enormous number of clothes and shoe shops
- the hypermarket stays open late
- there are also cinemas, a bowling alley and a disco for teenagers
- the loos are on levels 1 and 2 and the lost property office is in the basement

2 Choose a department store or shopping centre in your own area that you know does not produce a store guide/plan of the centre for French visitors. Draw up a rough map of the place and produce a concise description of it, as well as a list of departments/shops, in French.

L'Église Évangélique Méthodiste

EGLISE EVANGELIQUE METHODISTE

NOTRE ENGAGEMENT MISSIONNAIRE

⊕ UNION DE L'
EGLISE EVANGELIQUE
METHODISTE EN FRANCE
CCP STRASBOURG 1390 84-N

L'EGLISE EVANGELIQUE METHODISTE

Est présente à travers le monde dans un grand nombre de pays par le témoignage de nombreuses églises et oeuvres. (Hôpitaux, maisons de retraite, homes d'enfants, écoles, centres de vacances, centres d'accueil pour les drogués, centres de formation, etc.)

L'UNION DE L'EGLISE EVANGELIQUE METHODISTE EN FRANCE

A plus particulièrement engagé sa responsabilité dans les projets que nous vous exposons dans ce dépliant. Elle les a entrepris dans l'obéissance au Seigneur et dans la foi en Sa fidélité. Elle a l'assurance que Dieu lui-même mettra au coeur de chacun la part, par laquelle il pourra contribuer à ce témoignage.

Vous pouvez transmettre votre participation de préférence à travers votre église locale, ou à défaut, en la versant au CCP de l'Eglise Evangélique Méthodiste: CCP Strasbourg 1390 84 N, avec la référence suivante: 'Engagement missionnaire de l'UEEM'.

Veuillez préciser, le cas échéant, l'oeuvre particulière à laquelle vous destinez votre don. Nous sommes cependant aussi reconnaissants pour les dons que nous pouvons nous-mêmes attribuer aux différentes oeuvres, selon les besoins particuliers de chacune.

ET n'oubliez pas de prier fidèlement pour tous ces projets. Vos prières sont la base indispensable de tout travail dans l'oeuvre du Seigneur. D'avance nous vous disons un grand MERCI pour tout ce que vous ferez!

TRAVAIL PIONNIER

EVANGELISATION A KNUTANGE - FAMECK

Dans une région gravement touchée par la crise économique, une masse de chômeurs, souvent des jeunes, s'est tournée vers l'oisiveté, la drogue et la violence.

Une jeune église combat aux côtés d'un évangéliste envoyé par nos églises pour apporter l'Evangile de Jésus-Christ à cette foule sans berger, sans espoir.

EVANGELISATION DANS LE SUD - OUEST

- A FLEURANCE (7 000 h) un couple âgé a oeuvré fidèlement pendant de nombreuses années. Maintenant un jeune couple prend la relève de ce travail d'évangélisation, pour édifier ce travail de pionnier.

- A MONT DE MARSAN (30 000 h) un groupe de chrétiens se réunit régulièrement et témoigne autour de lui de sa foi. Notre église voudrait y envoyer un couple dynamique pour travailler à l'évangélisation et à l'implantation d'une assemblée.

MISSION EN AFRIQUE: LE ZAIRE

ZAIRE - CENTRAL: ESTHER NAEF

Loin des grandes villes vit une population rurale, pauvre et désemparée. La pauvreté généralisée et le chaos économique sont un défi pour l'église qui veut aider.

Dans les écoles comme par la formation agronomique, l'église veut donner les moyens de faire face aux difficultés. Une école biblique forme les pasteurs et évangélistes pour la jeune église.

PROVINCE DU SHABA: ELISABETH KLAUSS

- A Mulungwishi, l'Eglise Méthodiste du ZAIRE lutte vaillamment contre la misère et la corruption régnant dans ce pays.

Dans les écoles, internats et dispensaires elle trouve son engagement social, complément indispensable de sa proclamation de l'Evangile. - Dans cet engagement, elle dépend de notre aide en personnel et en contribution financière.

TEMOIGNAGE CHRETIEN

LIBRAIRIE 'CERTITUDE' A METZ

Seule librairie évangélique de tout le département, notre magasin, fraîchement installé dans un quartier très fréquenté, est une occasion merveilleuse de multiples contacts avec la population.

Avec le nouveau magasin à Colmar, elle apporte le témoignage évangélique bien au-delà des limites du département.

ASSEMBLEE CAMBODGIENNE A STRASBOURG

Des milliers de Cambodgiens en fuite devant les massacres systématiques, sont contraints à chercher à travers le monde une nouvelle patrie. Un chrétien cambodgien, Mr. Sengly Try, apporte la Bonne Nouvelle à ces rescapés de la souffrance, dans deux jeunes assemblées à Metz et à Strasbourg.

NOS OEUVRES

CENTRE DE VACANCES LANDERSEN

Dans les colonies et les camps nous voulons apporter aux jeunes l'Evangile de Jésus-Christ et les initier à une vie chrétienne authentique et saine.

Dans de multiples séjours pour adultes de tout âge, conventions, rencontres et sessions de formation Landersen veut être un lieu de proclamation du salut.

MAISONS 'BETHESDA'

Dans la Clinique Bethesda à Strasbourg, les maisons de retraite de Strasbourg - Contades, Munster et Mulhouse nos soeurs diaconesses et d'autres chrétiens engagés cherchent à apporter aux malades et personnes âgées le geste qui soulage, la parole qui console et le message de l'amour du Christ.

A Answer in English

1 What kinds of institutions does the Evangelical Methodist Church support?
2 What does the leaflet claim to be the driving force behind this activity?
3 How exactly are you asked to contribute to the work of this church?
4 Why don't they mind, if you don't indicate a specific use for your donation?
5 What else do they ask you to do?
6 Why is the area of Knutange-Fameck suffering badly?
7 What effect has this had on its youth?
8 How does this church see such people?
9 How large is Fleurance, and what change is occurring there?
10 How is this church helping in Zaire?
11 Which two things does Elisabeth Klauss need?
12 Why are there great hopes for the success of the bookshop «Certitude»?
13 Why is there a fair number of Cambodians in Strasbourg?
14 What is the purpose of the Landersen youth camps?
15 Who receives help and support in the «Bethesda» homes?

B Répondez en français

1 A quoi servent (a) une maison de retraite (b) un centre d'accueil pour les drogués?
2 Qu'est-ce qu'on vous demande de faire, si vous voulez participer aux activités de l'Église Évangélique Méthodiste?
3 Faut-il indiquer une oeuvre particulière?
4 Selon le dépliant, est-ce qu'il suffit de donner de l'argent?
5 Qu'est-ce qui a frappé la région de Knutange-Fameck?
6 Lequel est le plus peuplé: Fleurance ou Mont de Marsan?
7 Quelle est la plus grande difficulté pour l'église au Zaïre?
8 De quoi Elisabeth Klauss a-t-elle besoin?
9 Qu'est-ce qu'on vend à «Certitude»?
10 Pourquoi y a-t-il tant de Cambodgiens à Strasbourg?
11 Est-ce que le centre de vacances Landersen est destiné exclusivement aux jeunes?
12 Quel est le rôle d'une soeur diaconesse?

36

C Indiquez le fléau ou les victimes

un sinistre	les sinistrés
la drogue	
	les pauvres
le chômage	
	les misérables
une maladie	
	les massacrés

D Trouvez les synonymes dans le dépliant

1 *affectée par* la crise économique
2 la pauvreté *partout évidente*
3 *suivant* les besoins particuliers
4 s'est tournée vers *la paresse*

5 la base *absolument nécessaire*
6 *affronter* les difficultés
7 *qui fuient* devant les massacres
8 *combat* vaillamment la misère et la corruption

E Indiquez la définition qui correspond

il s'occupe de son troupeau de moutons
réconforter quelqu'un
rendre une douleur moins pénible
le message de la vie éternelle
quelqu'un qui sème la parole de Dieu
l'Évangile où l'on raconte la vie de Jésus
il s'occupe de son bercail chrétien
un aventurier qui donne l'exemple aux autres

pionnier
évangéliste
berger
pasteur
soulager
consoler
le salut
la Bonne Nouvelle

F Cherchez la traduction française dans le dépliant

1 preferably
2 forced to
3 in advance
4 a marvellous opportunity
5 in obedience to
6 grateful for
7 if not
8 well beyond
9 throughout the world
10 if the case should arise

Assignments

1 Il y a tant de problèmes que l'église doit affronter dans le monde. Indiquez brièvement l'ampleur (*the extent*) de chaque problème.

Example: le chômage: *il y a actuellement des millions de chômeurs partout dans le monde.*

● la drogue:
● la violence:
● le suicide:
● la solitude:
● la peur:
● la guerre:
● le racisme:
● la pauvreté:
● la faim:
● les maladies:
● les catastrophes:
● le terrorisme:

2 Si vous faisiez partie d'une équipe missionnaire dans une région pauvre d'un pays sous-développé, quelles seraient vos priorités?

Exemple: un hôpital: *je ferais construire un hôpital.*

● une école:
● les médicaments:
● la formation:
● l'eau potable:
● les communications:
● l'argent:
● le personnel:

LA NOUVELLE NUMEROTATION

25 OCTOBRE

AIDE-MÉMOIRE

25 OCTOBRE A 23 HEURES

TELECOMMUNICATIONS

La nouvelle numérotation (PTT)

PRET POUR L'AN 2000... ET LES SUIVANTS.

Le système actuel date de 1955. La France comptait alors 2 millions d'abonnés. Adapté, modifié, le système a permis au fil des ans d'absorber l'extraordinaire croissance du téléphone : 23 millions d'abonnés en 1985. Aujourd'hui, nous atteignons la saturation.

La nouvelle numérotation va permettre de poursuivre la modernisation du réseau en en portant la capacité à plus de 50 millions de numéros et en facilitant le développement des nouvelles utilisations du téléphone (Télétel, télécopie, télétex, téléphone de voiture, Numéro Vert, sélection directe à l'arrivée, etc.).

DES LE 25 OCTOBRE, 8 CHIFFRES POUR TOUS.

Obtenus de façon simple à partir du numéro actuel

Le 25 octobre prochain, il vous suffira de faire précéder les numéros à 6 ou 7 chiffres de vos correspondants de leur indicatif actuel à 1 ou 2 chiffres.

Un cas particulier: les numéros dont l'indicatif actuel est le (1).

Pour les abonnés de Paris, des Hauts-de-Seine, de la Seine-Saint-Denis et du Val-de-Marne,* c'est le chiffre 4 qui sera mis en tête du numéro à 7 chiffres.

LES FUTURS NUMÉROS DE VOS CORRESPONDANTS

AUJOURD'HUI			A PARTIR DU 25 OCTOBRE, A 23 HEURES
INDICATIF ACTUEL	NUMERO	EXEMPLES	NUMERO A 8 CHIFFRES
ZONE PROVINCE			
(2 chiffres):	6 chiffres	(73) 90.11.87	73 90 11 87
(1 chiffre):	7 chiffres		
• Agglomération lyonnaise		(7) 837.84.50	78 37 84 50
• Départements de Moselle et de Meurthe-et-Moselle		(8) 321.81.11	83 21 81 11
• Oise		(4) 462.33.54	44 62 33 54
ZONE PARIS/REGION PARISIENNE			
(3): • Val-d'Oise • Yvelines	7 chiffres	(3) 951.95.36	39 51 95 36
(6): • Essonne • Seine-et-Marne	7 chiffres	(6) 063.39.72	60 63 39 72
(1): • Ville de Paris • Hauts-de-Seine • Seine-Saint-Denis • Val-de-Marne	7 chiffres*	(1) 564.22.22	45 64 22 22

*Ce sont actuellement les numéros à 7 chiffres commençant par 2-3-5-6-7-8.

DES MAINTENANT, PENSEZ A COMPLETER VOS REPERTOIRES TELEPHONIQUES.

Si vous n'avez pas l'indicatif actuel de vos correspondants, vous le retrouverez facilement en consultant la liste des indicatifs.

Dès maintenant, vous pouvez modifier votre répertoire téléphonique et même préparer les procédures d'appel de vos correspondants habituels.

INDICATIFS TÉLÉPHONIQUES

Ain	85-7-79-74 ou 50	Dordogne	53	Lozère	66	Sarthe	43
Aisne	23	Doubs	81	Maine-et-Loire	41	Savoie	79
Allier	70	Drôme	75	Manche	33	Savoie (Haute)	50
Alpes (Hte-Prov.)	92	Eure	32	Marne	26	Paris	1
Alpes (Hautes)	92	Eure-et-Loir	37	Marne (Haute)	25	Seine-Maritime	35
Alpes-Maritimes	93	Finistère	98	Mayenne	43	Seine-et-Marne	6
Ardèche	75	Gard	66	Meurthe-et-Moselle	8	Yvelines	3
Ardennes	24	Garonne (Haute)	61	Meuse	29	Sèvres (Deux)	49
Ariège	61	Gers	62	Morbihan	97	Somme	22
Aube	25	Gironde	56-57	Moselle	8	Tarn	63
Aude	68	Hérault	67	Nièvre	86	Tarn-et-Garonne	63
Aveyron	65	Ille-et-Vilaine	99	Nord	20-27-28	Var	94
Bouches-du-Rhône	90	Indre	54	Oise	4	Vaucluse	90
	91 ou 42	Indre-et-Loire	47	Orne	33	Vendée	51
Calvados	31	Isère	7-74 ou 76	Pas-de-Calais	21	Vienne	49
Cantal	71	Jura	84	Puy-de-Dôme	73	Vienne (Haute)	55
Charente	45	Landes	58	Pyrénées-Atlantiques	59	Vosges	29
Charente-Maritime	46	Loir-et-Cher	54	Pyrénées (Hautes)	62	Yonne	86
Cher	48	Loire	77	Pyrénées Orientales	68	Territoire de Belfort	84
Corrèze	55	Loire (Haute)	71	Rhin (Bas)	88	Essonne	6
Corse	95	Loire-Atlantique	40	Rhin (Haut)	89	Hauts-de-Seine	1
Côte-d'Or	80	Loiret	38	Rhône	7 ou 74	Seine-Saint-Denis	1
Côtes-du-Nord	96	Lot	65	Saône (Haute)	84	Val-de-Marne	1
Creuse	55	Lot-et-Garonne	53	Saône-et-Loire	85	Val-d'Oise	3

Attention. Si votre correspondant se trouve aux limites de 2 départements, son indicatif peut être rattaché à l'un ou à l'autre de ces départements.

LES SERVICES SPECIAUX A 2 CHIFFRES NE CHANGENT PAS.

Services de la Carte Télécommunications	10
Annuaire électronique*	11
Renseignements	12
Dérangements	13
Agence Commerciale	14
SAMU (en cours de mise en place)	15
Interzone	16
Police	17
Pompiers	18
International	19

*Il existe dans le service Annuaire Electronique un programme d'information sur la nouvelle numérotation.

LES NUMEROS D'ACCES A TELETEL.

Ils deviennent identiques en Région Parisienne et en Province, il suffit de composer directement les 8 chiffres partout en France :

36 13 91 55
36 14 91 66
36 15 91 77

Pour téléphoner vers les DOM, les TOM et l'Étranger, la nouvelle numérotation n'entraîne aucune modification.

UN DISPOSITIF D'INFORMATIONS TELEPHONIQUES SUR LA NOUVELLE NUMEROTATION.

Pour toutes informations complémentaires sur la nouvelle numérotation, un dispositif d'informations téléphoniques sur répondeur sera mis en place.

A partir du 25 octobre, à 23 heures, pour obtenir des renseignements :
- sur les appels vers Paris/Région Parisienne, vous composerez directement le 36 11 ;
- sur les appels vers la Province, vous composerez directement le 36 12.

Les appels vers le 36 11 et le 36 12 sont gratuits.

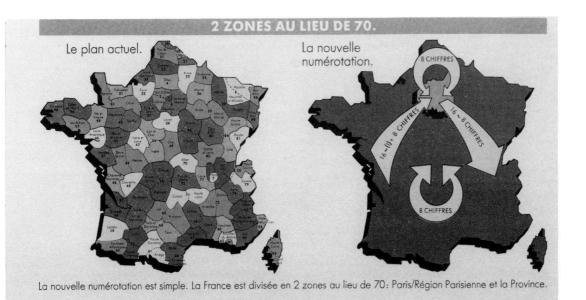

2 ZONES AU LIEU DE 70.

Le plan actuel.

La nouvelle numérotation.

8 CHIFFRES

16 ~ 01+ 8 CHIFFRES

16 ~ 8 CHIFFRES

8 CHIFFRES

La nouvelle numérotation est simple. La France est divisée en 2 zones au lieu de 70 : Paris/Région Parisienne et la Province.

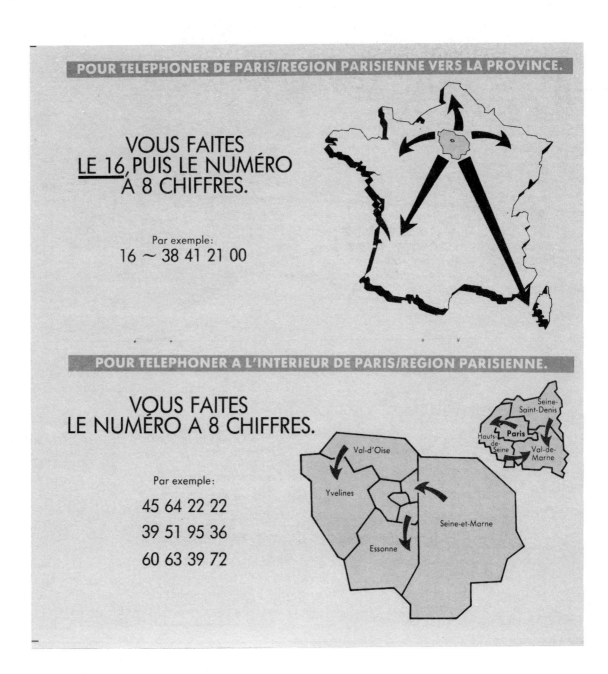

POUR TELEPHONER DE PARIS/REGION PARISIENNE VERS LA PROVINCE.

VOUS FAITES LE 16, PUIS LE NUMÉRO À 8 CHIFFRES.

Par exemple :
16 ~ 38 41 21 00

POUR TELEPHONER A L'INTERIEUR DE PARIS/REGION PARISIENNE.

VOUS FAITES LE NUMÉRO A 8 CHIFFRES.

Par exemple :

45 64 22 22

39 51 95 36

60 63 39 72

Seine-Saint-Denis

Hauts-de-Seine

Paris

Val-de-Marne

Val-d'Oise

Yvelines

Seine-et-Marne

Essonne

POUR TELEPHONER DE PROVINCE EN PROVINCE.

VOUS FAITES
LE NUMÉRO A 8 CHIFFRES
SANS FAIRE LE 16.

Par exemple:
38 41 21 00

POUR TELEPHONER DE PROVINCE VERS PARIS/REGION PARISIENNE.

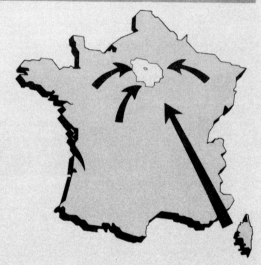

VOUS FAITES
LE 16, PUIS LE CODE (1)
POUR RENTRER DANS
LA RÉGION PARISIENNE,
SUIVI DU NUMÉRO
A 8 CHIFFRES.

Par exemple:
16 ~ (1) 45 64 22 22
16 ~ (1) 39 51 95 36
16 ~ (1) 60 63 39 72

A   Answer in English

1 How old is the French telephone system that is slowly being replaced?
2 Why have the French had to change and update the system in the mid-80s?
3 What will the new number system allow?
4 What will happen as from 25th October 1985?
5 What do Paris, Hauts-de-Seine, Seine-Saint-Denis and Val-de-Marne all have in common?
6 Once you've consulted the new list of codes, what are you advised to do?
7 What are you told about the emergency services?
8 What if you want to 'phone someone living in a French overseas territory?
9 What is the point of dialling 36 11 or 36 12?
10 How will the new coding system make 'phoning seem easier?
11 What's the basic difference between (a) 'phoning part of Paris or the Paris region from within that area (b) 'phoning the provinces from the capital or the Paris region?
12 Similarly, what's the difference between (a) 'phoning Paris or the Paris region from the provinces (b) 'phoning one part of the provinces from another?

B   Répondez en français

1 Quand est-ce que la nouvelle numérotation est entrée en vigueur (*came into operation*)?
2 Qu'est-ce qui prouve que le téléphone a connu un énorme succès en France?
3 Que pourra-t-on faire grâce à la nouvelle numérotation?

4 Comment la numérotation va-t-elle changer exactement?
5 Qu'est-ce qu'on vous donne pour vous aider à mettre à jour (*to update*) les numéros de téléphone de vos amis?
6 Quand faut-il composer (a) le 18 (b) le 13 (c) le 17 (d) le 12?
7 Comment peut-on obtenir des renseignements plus précis sur la nouvelle numérotation?
8 Quand faut-il faire seulement le numéro à 8 chiffres? (2 situations)
9 Quand faut-il faire le 16, puis le numéro à 8 chiffres?
10 Quand faut-il faire le 16, puis le 1, puis le numéro à 8 chiffres?

C Sigles à gogo

les DOM-TOM=les départements d'outre-mer et les territoires d'outre-mer
Indiquez le sigle français qui correspond et cherchez le plein titre dans un dictionnaire:

UN	l'OTAN
managing director	la CEE
London Transport	ÉDF
GPO/British Telecom	GDF
NATO	la SNCF
RSPCA	PTT
EEC	le CCP
CEGB	l'ONU
AIDS	la RATP
council homes	le PDG
National Giro	la SPA
British Gas	les HLM
British Rail	le SIDA

De même, comblez les vides pour compléter le plein titre:

Partis et groupements politiques:

1 le PS   le Parti _____
2 le RPR   le _____ pour la République
3 le PC   le Parti _____
4 l'UDF   l'Union pour la _____ française
5 le FN   le _____ National
6 le CDS   le Centre des _____ sociaux
7 le PR   le Parti _____

Syndicats

8 la CGT   la Confédération Générale du _____
9 FO   _____ ouvrière
10 la CFDT   la Confédération française _____ du Travail
11 la CGC   la Confédération Générale des _____
12 la CFTC   la Confédération française des travailleurs _____

D The 24-hour clock

D'habitude les personnes âgées préfèrent savoir l'heure par rapport aux trois parties de la journée (le matin, l'après-midi, le soir). Aidez-les en traduisant l'heure comme ci-dessous:

Exemple: 23h 30 *onze heures et demie du soir*
10h 50 *onze heures moins dix du matin*

1	21h 10	5	19h 15	9	6h 50
2	16h 05	6	7h 35	10	18h 20
3	11h 45	7	13h 55		
4	1h 30	8	20h 25		

E Numéros de téléphone

Chaque fois vous devez épeler le nom de la personne et donner le numéro de téléphone à un répondeur automatique:

1 FRANCK   54 63 21 04
2 TAVERNIER   (1) 45 39 71 18
3 MICHARD   80 77 93 30
4 GUILLAUME   91 25 68 99
5 LEBESQUE   38 81 42 00

F Si seulement

Exemple: Si vous n'*avez* pas l'indicatif actuel de vos amis, vous le *retrouverez* facilement sur la liste. (avoir/retrouver)

1 Si votre numéro _____ 7 chiffres, il _____ précédé d'un chiffre supplémentaire à l'avenir. (avoir/être)
2 Si votre correspondant _____ aux limites de deux départements, vous _____ essayer les deux indicatifs. (se trouver/devoir)
3 Si vous _____ l'intention de téléphoner vers les DOM-TOM, vous n' _____ pas besoin de consulter la liste des nouveaux indicatifs. (avoir/avoir)
4 Si vous _____ la Province, vous _____ le 16, puis le Code (1) suivi du numéro à 8 chiffres pour téléphoner à Paris. (habiter/faire)
5 Si vous _____ téléphoner à Télétel, il vous _____ de composer les 8 chiffres suivants . . . (vouloir/suffire)

42

1 Divisez-vous en paires et regardez la liste des indicatifs dans le dépliant. A tour de rôle, chacun(e) doit donner un indicatif et l'autre doit trouver le département qui correspond.

2 C'est vous qu'on a choisi(e) pour programmer le répondeur automatique donnant des renseignements sur la nouvelle numérotation dans un français clair et précis que n'importe qui pourrait comprendre. Voici ce dont le répondeur doit parler:

- la date de l'introduction de la nouvelle numérotation
- comment les chiffres seront/ont été changés
- les services spéciaux
- les DOM-TOM et l'Étranger
- le Télétel
- les nouvelles zones
- pour téléphoner de Paris vers la Province et réciproquement
- pour téléphoner à l'intérieur de Paris/la région parisienne et de Province en Province

Téléphone: la nuit des huit chiffres

A la seconde prévue, hier soir, à 23 heures la France tout entière est entrée, sans anicroche, dans l'ère de la nouvelle numérotation.

A 23 heures, hier soir, les vingt-trois millions d'abonnés français au téléphone ont changé de numéro sans problème. Pile à la seconde prévue une armée de vingt-trois mille techniciens, commandés par un véritable « P.C. communication » installé dans le central Murat, à Paris, a reçu de Louis Mexandeau, ministre des P.T.T., le *top* symbolique les autorisant à pratiquer le changement le plus complexe sur le plan technique jamais entrepris dans un réseau téléphonique. Immédiatement, une autre armée de quelque vingt-cinq mille agents s'est tenue prête à intervenir sur un autre front. Il fallait assister les techniciens en procurant le plus tôt possible les informations permettant aux premiers usagers confrontés à la nouvelle numérotation de ne pas commettre de fausses manœuvres.

Au terme d'une campagne d'informations sans précédent, qui aura coûté quelque soixante millions de francs, toutes les précautions avaient été prises pour que les nouvelles modalités soient clairement comprises. Apparemment, le message a été bien reçu : malgré une brutale hausse du trafic téléphonique, liée à la curiosité des usagers face à la nouvelle numérotation, le grand tableau mural installé au P.C. central de l'opération, à Paris, est entièrement passé au vert en guère plus d'une demi-heure. Tous les maillons du réseau annonçaient un écoulement fluide. A 23 h 40, les responsables de l'opération annonçaient officiellement que c'était un succès...

Carte Orange

CARTE ORANGE
ABONNEMENT HEBDOMADAIRE OU MENSUEL

27569
27595

NOVEMBRE 1982

RATP SNCF APTR

Créé par la RATP et la SNCF le 1er novembre 1982,

LE COUPON HEBDOMADAIRE « CARTE ORANGE »

permet, comme le coupon mensuel, de voyager aussi souvent que vous le voulez, dans la Région des transports parisiens, en train, métro*, RER, autobus RATP**, autocars APTR*** des lignes agréées :

- en 1re classe ou en 2e classe
- à l'intérieur de 2 à 5 zones contiguës à choisir, en fonction de vos déplacements, parmi celles représentées sur ce dépliant.

suivant les indications de classe et de zones portées sur le coupon

Les coupons – hebdomadaire ou mensuel – doivent toujours être utilisés **conjointement avec** une carte d'abonné à validité permanente : la carte nominative, d'un modèle identique quel que soit le coupon.

Ils se distinguent par leur couleur :

COUPON JAUNE: HEBDOMADAIRE

2 H 12	COUPON JAUNE	**2**	coupon	27595
	N°:		hebdomadaire	
01 A	zones 1 2		semaine du	

COUPON ORANGE: MENSUEL

2 H 12	COUPON ORANGE	**2**	coupon	27569
	N°:		mensuel	
01 A	zones 1 2		mois	

Comment l'obtenir ?

PARTOUT OÙ VOUS VERREZ CE SIGNAL →

La carte nominative est remise gratuitement aux nombreux points de vente et d'information «carte orange» : gares SNCF ou RER, stations de métro, bureaux d'autobus RATP, guichets APTR, commerçants accrédités.

CARTE ORANGE
EN VENTE ICI

VOUS COMPLÉTEZ CETTE CARTE PAR :

- vos nom et prénom
- votre photo d'identité
- votre signature.

Puis vous demandez à un point de vente que le cachet «transports parisiens» y soit apposé. (A cette occasion, un étui protecteur vous sera remis).

Les coupons sont vendus aux mêmes points, qui toutefois peuvent ne pas en disposer pour toutes les zones.

Le coupon jaune est valable pour une semaine déterminée, du lundi au dimanche compris. Il est mis en vente dès le vendredi précédant la semaine de validité (mais n'est pas utilisable pour autant avant le lundi).
Pour la semaine en cours, vous pouvez vous le procurer jusqu'au mercredi compris.

Le coupon orange est valable pour un mois de calendrier. Il peut être acheté dès le 20 du mois précédant le mois de validité (mais ne doit pas être utilisé avant le 1er jour de ce mois). Pour le mois en cours, il reste en vente jusqu'au 19 inclus.

Quand vous retirez votre coupon, vérifiez immédiatement que la période, la classe et les zones de validité correspondent bien à celles que vous désirez : à partir du lundi (pour le coupon jaune) ou du 1er jour du mois (pour le coupon orange), il sera trop tard pour obtenir un échange. Naturellement, pour la semaine ou le mois suivant, vous pourrez acheter un coupon comportant une période, une classe ou des zones de validité différentes.

CARTE ORANGE
RATP SNCF RER
nom
prénom
signature
M 169954 ← N° à reporter sur le coupon
rangez ici votre coupon
prenez-en soin
ne le pliez pas et ne l'introduisez pas dans les composteurs des autobus

---

*Y compris le funiculaire de Montmartre.
** Y compris les services de nuit et de transport de personnel accessibles au public, mais à l'exception des services spéciaux ou d'excursions.
*** Association Professionnelle des Transporteurs publics Routiers de voyageurs de la Région des transports parisiens.

A Answer in English

1 How long has the weekly ticket existed, and who devised it?
2 Does it only cover travel on the underground?
3 What's the difference between the yellow and the orange detachable tickets?
4 Where can you pick up a *Carte Orange* and how much does the card itself cost?
5 Which three things must you add to the card?
6 Once you've had the «transports parisiens» stamp, what will you be given?
7 From and until which day of the week can you buy one of the weekly tickets?
8 Similarly, from and until when can you obtain a monthly ticket?
9 Why must you check your ticket before you begin to use it?
10 Can you insert these tickets into an automatic punching machine?
11 What must you write on the yellow or orange ticket? What can happen, if you don't do this?
12 How can you get a ticket that's valid for one year?
13 What is it best to do, if your train journey goes beyond the zones covered by your *Carte Orange*?
14 What about if this happens on a bus or coach?
15 How can you get a full refund on your *Carte Orange*?

T HEBDOMADAIRE OU MENSUEL

Comment l'utiliser?

Présentez ensemble votre carte nominative et votre coupon, dans leur étui transparent, aux agents de contrôle de la SNCF, de la RATP et de l'APTR (y compris les conducteurs d'autobus ou d'autocars).

Le coupon doit être utilisé pour franchir les appareils de contrôle des gares et stations. Il comporte une piste magnétique : prenez-en soin! Évitez notamment de le mettre au contact d'objets métalliques ; ne le pliez pas et ne l'introduisez surtout pas dans les composteurs des autobus ou des autocars. Nous vous recommandons de le replacer dans son étui protecteur après chaque utilisation.

Bien entendu, la carte et le coupon sont rigoureusement personnels et ne peuvent être utilisés que par leur titulaire.

Quelques recommandations

Vous éviterez une attente au guichet en achetant votre coupon quelques jours à l'avance.

ATTENTION : Avant votre premier voyage, n'oubliez surtout pas de reporter au stylo sur votre coupon le numéro qui est inscrit sur votre carte nominative : c'est obligatoire. Si vous oubliez de le faire, vous êtes en situation irrégulière et les agents du contrôle sont tenus de vous faire payer l'indemnité réglementaire.

POUR OBTENIR DES INFORMATIONS DÉTAILLÉES SUR LA «CARTE ORANGE», ADRESSEZ-VOUS...

• aux bureaux d'information ou aux guichets de vente du RER (RATP ou SNCF) et du métro ou aux bureaux-terminus du réseau d'autobus de la RATP;
• aux bureaux d'information ou aux guichets de vente des gares SNCF de Paris et de banlieue,
• aux guichets de l'APTR,

... OU TÉLÉPHONEZ A :
• RATP 346.14.14 • SNCF 261.50.50 • APTR 021.66.66.

Nous vous rappelons qu'il existe aussi un coupon annuel, valable pour 12 mois consécutifs à partir du 1er jour du mois de votre choix. Il est vendu par correspondance. Renseignez-vous aux guichets ou par téléphone au 257.56.85.

Réponses à vos questions

Prolongements de parcours. – Pour effectuer un parcours plus long que celui auquel vous donne droit votre coupon :
• si vous prenez le train, le RER ou le métro, vous devez acheter à la gare ou station de départ un billet valable pour le parcours total (il n'est pas délivré de supplément), ou bien interrompre votre trajet à la limite de validité de votre coupon pour y acheter un billet valable pour le parcours complémentaire.
Toutefois, si vous habitez ou allez travailler au-delà de la zone 5, vous avez le droit d'utiliser, en complément de votre carte orange :
– soit une carte hebdomadaire SNCF valable pour le parcours partiel entre la gare desservant votre domicile ou votre lieu de travail (75 km au maximum de Paris) et la première gare située dans la zone 5 ; – soit un abonnement SNCF ordinaire valable sur le parcours situé en dehors de la banlieue de Paris.
• si vous prenez l'autobus ou l'autocar : vous pouvez payer en cours de route le trajet complémentaire (dès le départ ou, au plus tard, quand vous arrivez à la limite de validité de votre coupon).

Remboursement total. – Il est possible seulement si vous adressez votre coupon par correspondance à la RATP, service RC, boîte postale 7006, 75271 Paris Cedex 06, au plus tard le premier jour de validité, ou si vous le déposez, dans le même délai, au guichet d'une gare de la SNCF ouverte à la vente.

Remboursement partiel. – Votre coupon peut vous être remboursé pour la moitié de sa valeur uniquement en cas de maladie, de licenciement ou de changement imposé de lieu de travail, à condition d'être expédié à l'adresse ci-dessus (ou déposé au guichet d'une gare de la SNCF ouverte à la vente) dans les délais suivants (à respecter impérativement) :
– le lundi ou au plus tard le mardi de la semaine de validité, pour le coupon jaune (à validité hebdomadaire),
– dans les 10 premiers jours du mois, pour le coupon orange (à validité mensuelle),
A titre de justificatif, joignez-y un certificat médical ou patronal.
En dehors de ces cas, aucun coupon ne peut être remboursé.

Échange. – Les changements de classe ou de zones pendant la validité du coupon ne sont pas autorisés, que cette validité soit hebdomadaire ou mensuelle.

Coupon détérioré. – En cas de démagnétisation accidentelle de votre coupon, adressez-vous au guichet d'une station de métro ou d'une gare du RER ou de la SNCF pour obtenir une contremarque ou un nouveau coupon vous permettant de franchir les appareils de contrôle pendant la semaine ou le mois en cours.

Perte ou vol. – Les coupons retrouvés sont recueillis par un service central (téléphone : 257.56.85). Les coupons non retrouvés **ne peuvent pas être remplacés ou remboursés.**

16 In which circumstances will they agree to a part refund?

17 What must you do, if the magnetic strip on your ticket is damaged in any way?

18 When would a person be likely to 'phone 257.56.85?

B Répondez en français

1 Depuis combien de temps le coupon hebdomadaire existe-t-il?

2 Est-il seulement valable dans le métro?

3 Quelle est la différence entre un coupon jaune et un coupon .orange?

4 Comment faut-il compléter la carte nominative?

5 Elle coûte combien?

6 Qu'est-ce qu'on vous donne après l'apposition du cachet «transports parisiens»?

7 Vous voulez acheter un coupon jaune pour lundi le 5 jusqu'au dimanche le 11. Depuis et jusqu'à quand pouvez-vous l'obtenir?

8 Vous voulez acheter un coupon orange pour le mois d'avril. Depuis et jusqu'à quand pouvez-vous l'obtenir?

9 Pourquoi faut-il vérifier tous les détails sur le coupon avant de l'utiliser?

10 Peut-on composter le coupon qu'on met sur la Carte Orange dans les autobus?

11 Qu'est-ce que les contrôleurs ont le droit de faire, si vous n'avez pas reporté le numéro de votre carte nominative sur le coupon?

12 Peut-on acheter les coupons annuels aux guichets de vente?

13 Est-ce qu'on a le droit de payer le prix du trajet complémentaire (a) en métro (b) en autobus (c) en train, si on va au-delà des zones de limite?

14 Quelles personnes ont droit au remboursement partiel?

15 Que faut-il faire, si son coupon est plié ou démagnétisé?

16 Quand faut-il faire le 257.56.85?

C Dans le langage de la bureaucratie on a tendance à utiliser certaines constructions

Exemple:

Dans ces cas *on peut rembourser* le coupon.
Dans ces cas le coupon *peut être remboursé*.

1 *On peut acheter* ces coupons avant la semaine ou le mois de validité.

2 *On doit utiliser* le coupon pour franchir les appareils de contrôle.

3 *On doit présenter* la Carte Orange aux agents du contrôle.

4 *On peut obtenir* des informations détaillées aux guichets de vente.

5 *On doit coller* une photo d'identité à la carte nominative.

6 *On ne doit pas utiliser* les coupons avant le premier jour de validité.

Et encore

Exemple:

Un service central *recueille* les coupons retrouvés.
Les coupons retrouvés *sont recueillis par* un service central.

1 Un service de correspondance *vend* les coupons annuels.

2 Les guichets *autorisent* les changements de classe ou de zones avant le premier jour de validité.

3 L'employé(e) du point de vente vous *remet* un étui protecteur.

4 Les guichets de vente *fournissent* la carte et les coupons.

5 Les agents du contrôle *vérifient* la validité du coupon.

6 Les objets métalliques *démagnétisent* facilement les coupons.

D Cherchez le synonyme dans le dépliant

1 *Faites voir* votre carte nominative

2 *pas un seul coupon* ne peut être remboursé

3 ils doivent être utilisés *en même temps qu'*une carte d'abonné

4 *il est vendu* à partir du vendredi précédent

5 *là où on travaille*

6 *aussitôt qu'*on se met en route

7 *que ce soit un coupon jaune ou un coupon orange*

8 ils doivent vous faire payer une amende

9 *Demandez des informations* par téléphone

10 *le jour avant le* premier jour de validité

11 si vous êtes malade

12 un nouveau coupon *qui vous permet de* franchir les appareils de contrôle

E Inventez une définition en français

(en expliquant ce que c'est *ou* à quoi ça sert *ou* ce qu'on y fait *ou* ce qu'on en fait, etc):

1 un coupon hebdomadaire

2 un coupon mensuel

3 une carte nominative

4 ·un étui protecteur

5 une zone de validité

6 un guichet

7 un composteur

8 la RATP

9 la SNCF

10 le RER

F Find the equivalents above of the following taken from a railcard or bus pass leaflet

1 write your surname and Christian name
2 they can demand proof of your identity
3 it is also valid
4 the railways
5 any number of journeys
6 can't be used as means of identification
7 write in ink the number of . . .
8 displaying the sign
9 in exchange for
10 before having it stamped

Assignments

1 Prepare a scenario in French for two people and then enact it with your partner, basing your material on the following situation:

- an underground traveller arrives breathless at a ticket-office and says that there is a mistake on his/her orange coupon
- the person behind the counter asks what the error is and why the traveller didn't check it when (s)he bought it
- the traveller was in too much of a hurry at the time: the zones are wrong, because instead of zones 1–4 (s)he has zones 2–4
- the RATP employee indicates that there is a problem: it's 2nd September and so it's officially too late to do a swap
- the traveller is flabbergasted and asks if there is anything (s)he can do
- the employee suggests writing to the RATP refund department, Box 7006, 75271 Paris to ask for a full refund and then buy a new coupon for the zones required
- the traveller sees delays and problems and decides to keep the coupon
- the employee is sorry that there is nothing more that can be done: it's best to check all the details immediately in future

2 *Comment choisir votre coupon*
Regardez le plan ci-contre et, suivant l'exemple, posez et répondez à des questions pour choisir le coupon qu'il faut pour les gares indiquées:
Exemple:
Pour aller de Fontainebleau à la Gare de Lyon?
Achetez un coupon pour les zones 1, 2, 3, 4, 5.

GARES
SITUÉES
DANS
LES ZONES
4 ET 5

Pour les zones
1, 2, 3, 4 voir
carte au verso.

Carte orange
valable
sur Orly-Rail
et Roissy-Rail.

SNCF

RER

RATP

COMMUNICATIONS GRAPHIQUES · SNCF · CVTpb n° 84 · 1982 · RC PARIS B 552 049 447 · IMP · DÉCHAUX · 93 AULNAY SOUS BOIS

48

Camping et caravaning (automobile club de France)

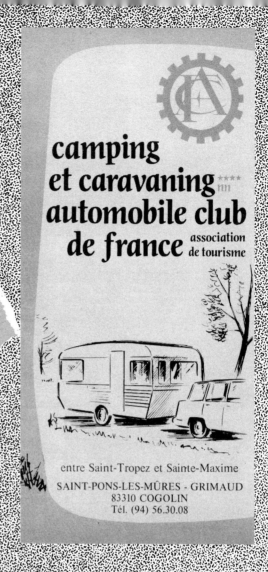

camping
et caravaning ★★★★ⅢⅢ
automobile club
de france association de tourisme

entre Saint-Tropez et Sainte-Maxime
SAINT-PONS-LES-MÛRES - GRIMAUD
83310 COGOLIN
Tél. (94) 56.30.08

détente vacances heureuses

situation

Sous le signe du calme et du repos, l'Automobile Club de France vous offre 27 hectares de superficie dans un cadre unique de la Côte Méditerranéenne, entre Saint-Tropez et Sainte-Maxime.

emplacements

Le parc, boisé de pins, de chênes-liège, de mimosas, est assez accidenté pour donner à chaque emplacement de caravane ou de tente un site particulier. Ces emplacements sous ombrage permettent de garer la voiture auprès de la caravane.

bureau d'accueil

Dans le Domaine, à proximité de l'entrée, ce Bureau vous donnera tous renseignements utiles, notamment en ce qui concerne le choix et la situation de votre emplacement.

aménagements

Les constructions de style provençal, aux toits couverts de tuiles romanes, comprennent :
– bureau d'accueil,
– club house avec bar, restaurant et pergola,
– cinq blocs sanitaires.

piscine

Piscine Olympique chauffée 50 m, 6 lignes d'eau.
Pataugeoire.
Surveillance assurée en permanence.
Animations diverses.
Leçons de natation à la demande.

jeux

Enfants : bascules, balançoires.
Adultes : portique, volley-ball, pétanque, ping-pong.

blocs sanitaires

Chacun des cinq blocs est divisé en « côté Messieurs » et « côté Dames ». Il comporte lavabos, douches chauffées (eau chaude et froide), prises de courant, water-closets, salle de repassage, vidoir, lavoirs à linge et à vaisselle, poste d'eau, téléphone.

services

- Cabines téléphoniques.
- Service du courrier.
- Bureau de banque ambulant.
- Aire pour lavage de voitures.
- Jeux pour adultes et enfants.
- Prises de courant sur chaque terrasse.
- A proximité du Domaine : stations nautiques et centres hippiques, golf.
- Hivernage (garage mort) des caravanes hors saison.

sécurité

Le parc est gardé. Protection contre le feu par bouches d'incendie et extincteurs. Vitesse limite des véhicules : 20 km/h.

hygiène

Les déchets sont mis dans des poubelles insonores collectées tous les jours.

club house

C'est un agréable lieu de réunion qui comprend un bar et un restaurant où vous pourrez consommer des boissons variées, ainsi que la cuisine du Chef, soit à l'intérieur, soit sous la pergola ; vous pourrez également vous y procurer des plats à emporter.
Une terrasse en contrebas vous permettra de vous étendre au soleil.
Le club-house est équipé d'une cuisine modèle, d'une infirmerie, de lavabos, W.C., cabine téléphonique.

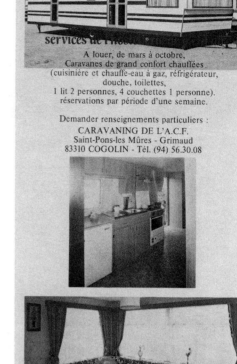

services de ...

A louer, de mars à octobre,
Caravanes de grand confort chauffées
(cuisinière et chauffe-eau à gaz, réfrigérateur, douche, toilettes,
1 lit 2 personnes, 4 couchettes 1 personne).
réservations par période d'une semaine.

Demander renseignements particuliers :
CARAVANING DE L'A.C.F.
Saint-Pons-les-Mûres - Grimaud
83310 COGOLIN - Tél. (94) 56.30.08

A Answer in English

1 How large is this site on the Mediterranean coast?
2 What is the advantage of it being a hilly area?
3 Where are you allowed to park?
4 Why should you go straight to reception, when you arrive at le Domaine?
5 Apart from the reception area, which other buildings will you find on the site?
6 What are you told about the swimming pool?
7 Why is it perfectly safe to swim there?
8 What else is provided for the children, if they don't like the water?
9 Apart from loos, washbasins and showers, what other facilities will you find in the «blocs sanitaires»?
10 You arrive late at le Domaine: you are short of cash and the car's in a dreadful mess after your long trip. Why needn't you worry?
11 If you don't like the sports on offer at le Domaine, where else can you go in the local area?
12 What safety measures have been taken by the camp authorities?
13 How is rubbish disposed of?
14 If you are staying at le Domaine, do you have to cater entirely for yourself?
15 Where do you go, if you don't feel well?
16 When can you hire one of the luxury caravans, and what will you find in it?

B Répondez en français

1 S'agit-il d'un camping dans le Nord-Ouest de la France?
2 Faut-il stationner loin de son emplacement?
3 Pourquoi faut-il se rendre au bureau d'accueil dès qu'on arrive au Domaine?
4 Comment est la Piscine Olympique?
5 Comment s'occupe-t-on des enfants en bas âge?
6 Qu'est-ce que les équipements et les services suivants vous permettent de faire: (a) douches chauffées (b) prises de courant (c) salle de repassage (d) lavoir à linge (e) lavoir à vaisselle (f) cabines téléphoniques (g) service du courrier (h) bureau de banque ambulant?
7 Quels sports peut-on voir ou pratiquer près du Domaine?
8 A quoi sert le «garage mort»?
9 Pourquoi y a-t-il des bouches d'incendie et des extincteurs?
10 Qu'est-ce que les automobilistes n'ont pas le droit de faire à l'intérieur du parc?
11 Comment se débarrasse-t-on des déchets?
12 Pour quelles raisons va-t-on au club-house?
13 Combien de personnes pourraient rester dans une caravane de grand confort?
14 Que faut-il faire pour en louer une?

C Comblez les vides sans regarder le dépliant

Exemple:

accueillir   bureau d'*accueil*

1 nager   leçons de _____
2 se reposer   le signe du _____
3 construire   les _____ de style provençal
4 choisir   le _____ de votre emplacement
5 repasser   une salle de _____
6 laver   pour _____ de voitures
7 protéger   _____ contre le feu
8 réunir   c'est un agréable lieu de _____
9 boire   des _____ variées
10 se renseigner   demander _____ particuliers
11 éteindre   bouches d'incendie et _____
12 jouer   _____ pour adultes et enfants

D Cherchez les synonymes dans le dépliant

1 *près de* l'entrée
2 sur toutes les terrasses
3 vous pourrez aussi y obtenir . . .
4 Il *comprend* lavabos, douches chauffées . . .
5 ces emplacements *à l'ombre*
6 vitesse *maximum* des véhicules
7 *surtout* en ce qui concerne . . .
8 ils permettent de *stationner près de* la caravane
9 *ou* à l'intérieur, *ou* sous la pergola
10 (la piscine) est surveillée tout le temps

E A quoi ça sert . . . ?

Exemple:

une poubelle: *on y met/jette les déchets*
1 un réfrigérateur (un frigo)
2 une cuisinière à gaz/à l'électricité
3 une caravane
4 une cabine téléphonique
5 une infirmerie

F Dans les petites annonces on se sert souvent d'un code pour écourter le texte. Expliquez cette annonce publicitaire:

loc. caravane tt.cft. 2 km.mer

vac.juil.-oct. 15 jrs.min. 6/8 pers.

SdB. séj. gde.cuis.

Rgts. Laurent T.

Tel. (94) 62 14 07 après 20h.

Assignments

1 Prepare and enact a scenario with a partner based on the following situation:

● holidaymaker arrives at le Domaine and goes to reception to ask where his/her site is
● person behind desk says it's behind the swimming pool under the pine trees: (s)he can park the car by the caravan
● holidaymaker wants to know if (s)he can get anything to eat and drink, and whether the loo- and shower-blocks are open
● (s)he can eat at the club-house or order a meal to take away: drinks can be purchased there as well. The blocks are open and there are hot and cold showers and ladies' and gents' loos in all five
● holidaymaker needs to make a 'phone-call and send off a letter that evening
● there are 'phone booths all over the place (*un peu partout*) in the camp: letters should be left at reception. Have a nice stay! (*Bon séjour!*)

2 In a letter to French friends you talk about a holiday that you had at le Domaine last year. Mention how you got there; what your particular site was like; your holiday activities on the site and in the local area; where you ate; the facilities on offer; how long you stayed; the return journey; holiday plans for next year. As this is an informal letter, don't forget to begin with *Cher(s)/ Chère(s)* . . . and to end with an expression such as *Amitiés/Très amicalement/Grosses bises/Ton ami(e)/Votre ami(e)/ Affectueusement*, etc.

accès

Le Domaine est d'un accès facile par l'Autoroute A6, sortie LE MUY, direction SAINTE-MAXIME. Prendre la RN 98 et la RD 244. A l'intérieur, un réseau de routes goudronnées et éclairées sillonne la propriété pour atteindre les emplacements en terrasses.

OUVERT DU 1er MARS AU 31 OCTOBRE

SAINT-TROPEZ NE SUPPORTE PLUS L'HIVER

Désireux d'attirer un tourisme de luxe et d'affaires à haut pouvoir d'achat, le maire de Saint-Tropez veut par ce moyen enrayer l'exil des jeunes Tropéziens

LA légende, plus que l'histoire, a fait de ce village de pêcheurs une capitale. Le petit port « découvert » au siècle dernier par Guy de Maupassant, *« simple fille de la mer nourrie de poisson et d'air marin »*, refuge de Paul Signac, de Marquet, de Matisse, de Dunoyer de Segonzac, inspirateur de Colette et de Pagnol, a toujours donné le ton à une certaine intelligence. Mystère de Saint-Tropez qui fait la mode, attire les passionnés ou provoque la répulsion.

Après les poètes et les peintres de naguère, ce petit chef-lieu de canton de six mille deux cent quarante-huit âmes a fasciné les noms les plus célèbres. Vadim, Bardot, Sagan, ou encore Pompidou, Picasso, Buffet et aussi les princes, les stars et les émirs en escale ont cédé la place à des étoiles de moindre grandeur.

La foule venue d'ailleurs, les soirs d'été, se presse toujours sur les quais ou dans les ruelles pour tenter de reconnaître quelque visage connu. Mais aujourd'hui il faut se lever tôt pour croiser Brigitte Bardot du côté des Canoubiers, à bord d'une vieille bagnole, où elle entasse ses chiens, ou se coucher tard pour danser chez Régine au New Jimmy, après avoir traîné place des Lices pour regarder Barclay, Collaro ou Le Luron jouer à la pétanque.

VILLE DE MULHOUSE

1, AV. DE LA 9ᵉ D.I.C. 68 100 MULHOUSE
(FRANCE)
TELEPHONE: (89) 44.17.44 - 44.19.22

PARC ZOOLOGIQUE
ET BOTANIQUE

Photo Studio Marny

Parc zoologique et botanique de Mulhouse

Bienvenue
au zoo

Le Parc Zoologique et Botanique de la ville de Mulhouse a été créé en 1868. Il a une superficie de 25 hectares et vous pourrez vous promener dans des paysages aussi différents qu'une zone paysagère avec de grandes pelouses, des arbres plus que centenaires, des massifs floraux, qu'une forêt-hêtraie ou la grande prairie et l'étang.

Plus de 1000 animaux en 200 espèces attendent votre visite. Animaux rares, en voie de disparition, constituent principalement la collection du Zoo de Mulhouse. Les singes, très nombreux, sont présentés dans un bâtiment chauffé en hiver, les rares panthères de l'Amour, les ours, les loups, etc. passionneront vos enfants. Les chiens de forêt, les lémuriens, les cerfs pseudaxis, les rares bharals de l'Himalaya et de Chine et non moins rares antilopes addax du Sahara susciteront l'intérêt des visiteurs avertis. Et, pour le plaisir de tous: la nouvelle présentation des otaries.

Les oiseaux sont très nombreux et variés dans leur forme, leur plumage. Des présentations originales vous permettront de les observer dans de bonnes conditions. Dans la grande volière, aucun grillage ne sépare les visiteurs des oiseaux. Les ibis rouges, chauves, de Ridgway, etc., les aigrettes, argus géants, éperonniers côtoient les loriquets et quelques canards dans un cadre végétal unique.

Sur la prairie, une multitude d'oiseaux évolue en complète liberté. Les cigognes en vol vous permettront peut-être de réussir un cliché original. Les grues arpentent le pré où nichent des oies. Les flamants roses et les nombreuses espèces de palmipèdes se cantonnent près de l'étang.

A vous de découvrir, au fil de votre promenade, les différents aspects et l'originalité du Zoo de Mulhouse.

Photo Studio Marny

Photo Didierlaurent

UN RELAIS ENTRE LE PARC ET LE PUBLIC:

Les amis du zoo

Créée au lendemain de la dernière guerre et connaissant un second souffle depuis 1970, l'association «Les Amis du Zoo» veut aider le public à mieux connaître le Parc zoologique et botanique de la ville de Mulhouse et contribuer à l'évolution de ce grand parc vers plus de liberté. Ce retour à la nature s'est manifesté à travers un certain nombre de réalisations significatives comme la création d'un grand plateau pour les ours bruns et les ours blancs, d'un parcours pour les guépards, d'un vaste enclos pour les antilopes, de cinq volières accueillant les visiteurs qu'aucun obstacle visuel ne sépare de la riche collection d'oiseaux exotiques retenue par l'opulence de la végétation et la fraîcheur des bassins. La participation financière des Amis du Zoo à toutes ces opérations était importante. Pour la grande volière elle a atteint 250.000 F. L'association a voulu faciliter et accélérer la réalisation d'un habitat paysager pour les panthères de l'Amour en y affectant la somme de 300.000 F.

C'est grâce aux versements de ses adhérents, aux dons petits et grands, aux bénéfices réalisés chaque année par son kiosque implanté face au plateau des ours que l'association des Amis du zoo peut ainsi pousser à la roue.

Les Amis du zoo se joignent à la Ville de Mulhouse et à la direction du parc pour vous souhaiter la bienvenue en ce jardin plus que centenaire dont le rôle éducatif et social n'échappe à personne.

> Les Amis du zoo de Mulhouse, siège social à l'Office du Tourisme, 9, avenue Foch, 68100 Mulhouse. On peut se faire inscrire et verser ses dons soit à cette adresse, soit aux deux entrées du parc, soit au kiosque des A.Z. ou encore par virement au CCP 175.114 B Strasbourg (Amis du Zoo de Mulhouse).

A   Answer in English

1 Give four examples of the kinds of setting you'll come across in the Mulhouse zoo.
2 Which types of animal will you mainly find in this zoo?
3 What are you told about the monkeys?
4 Which animals will the children find particularly exciting, according to the leaflet?
5 Where do the rare bharals and addax antelopes come from?
6 How close can you get to the zoo's collection of birds?
7 What suggestion do they make regarding the storks?
8 What do you imagine a *palmipède* is?
   (a) a wading bird
   (b) a flightless bird
   (c) a bird with webbed feet
   (d) a bird that feeds on palm leaves
9 When was «Les Amis du Zoo» first formed?
10 What is its chief priority in providing funds for the zoo?
11 Give two examples of developments made possible by this organisation.
12 To which project did it allocate 300,000 francs?
13 Apart from donations, how else does «Les Amis du Zoo» raise money?
14 Where is its Head Office?
15 Do you have to send your donation to this address?

B   Répondez en français

1 Le parc zoologique a quel âge maintenant?
2 S'agit-il d'un décor de verdure uniforme?
3 Il y a combien d'animaux en tout? Ce chiffre représente combien d'espèces?
4 Qu'est-ce qu'un animal en voie de disparition?
5 Quand est-ce qu'on peut voir les singes en plein air?
6 Quel est l'habitat naturel (a) du bharal (b) de l'antilope addax?
7 Pourquoi peut-on regarder les oiseaux de près?
8 A quel moment vous conseille-t-on de prendre une photo des cigognes?
9 Est-ce qu'on traverse le parc zoologique en voiture?
10 Est-ce que l'association «Les Amis du Zoo» existe depuis la création du parc zoologique?
11 A quoi cette association sert-elle?
12 Est-ce qu'elle veut voir tous les animaux installés dans des cages?
13 Comment l'association réalise-t-elle des bénéfices pour le zoo?
14 Comment peut-on contacter «Les Amis du Zoo»?
15 Faut-il que les dons soient en argent liquide?

Un enclos paysager pour les panthères

Guibs d'eau

Un parcours pour les guépards

Photos Daniel Schmitt et Cl. Thouvenin

Plan du Parc

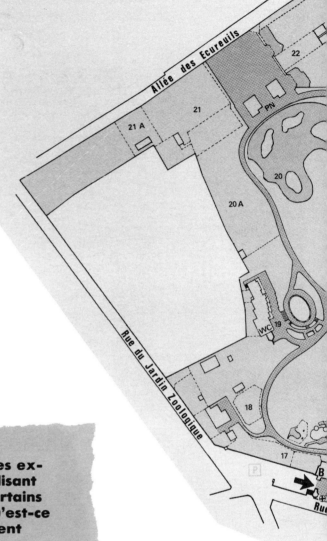

C **Indiquez l'animal dont la description se trouve ci-dess-ous**

1 un petit animal espiègle qu'on trouve dans les arbres de la jungle
2 un chien sauvage, très dangereux lorsqu'il a faim
3 un oiseau particulier à l'Alsace dont on voit les nids sur les toits hauts
4 un animal proche du phoque qui adore les poissons
5 un félin tacheté qui court très vite
6 qu'il soit brun ou blanc, faut pas y toucher!
7 un oiseau rose dont on se sert dans la célèbre partie de croquet dans «Alice au Pays des Merveilles»

D **Voici quelques ex-pressions utilisant le nom de certains animaux. Qu'est-ce qu'elles veulent dire?**

1 avoir une faim de loup
2 la part du lion
3 on n'apprend pas à vieux singe à faire des grimaces
4 entre chien et loup
5 bête comme une oie
6 petit à petit l'oiseau fait son nid
7 malin comme un singe
8 il ne faut pas vendre la peau d'ours avant de l'avoir tué
9 à pas de loup
10 faire le pied de grue

E **En regardant la légende du plan du parc, relevez les noms français**

1 camels
2 parrots
3 donkeys
4 barn owls
5 reindeer
6 vultures
7 sloths
8 apes
9 miniature goats
10 beavers
11 wild boar

Légende

A Entrée supérieure
B Entrée inférieure
⊕ Poste de secours
R Restaurant
K Kiosque
J Place de jeux
b Station bus

1 Chats sauvages
2 Anes, chèvres naines, moutons
3 Vallée des nocturnes
4 Mouflons de Corse
5 Ours bruns, ours blancs, loutres, manchots, castors
6 Lynx, sangliers, chouettes
7 Cerfs Wapitis
8 Cerfs axis, antilopes addax
9 Zone réservée aux panthères
10 Palmipèdes
11 Otaries
12 Panthères
13 Zèbres
14 Watussis
15 Flamants
16 Perroquets
17 Grands échassiers
18 Guépards

19 Primates, crocodiles, paresseux
20 Prairie + étang, palmipèdes, flamants, échassiers
20A Anes du Poitou, moutons
21 Lamas, nandous
21A Châlet d'accueil
22 Antilopes cervicapres, guibs d'eau
23 Chameaux, dromadaires, guibs d'eau
24 Yaks
25 Bisons
26 Bharals, pécari, maras
27 Cigognes
28 Vautours
29 Alpacas
30 Grandes volières
31 Emeus, wallabies de Bennett
32 Pumas
33 Chiens de forêt, lémuriens
34 Bassin décoratif
35 Ratons laveurs
36 Anes
37 Rennes
38 Loups
39 Kiosque Amis du Zoo

○ Fontaines
PN Pique-Nique
bu. Buvette

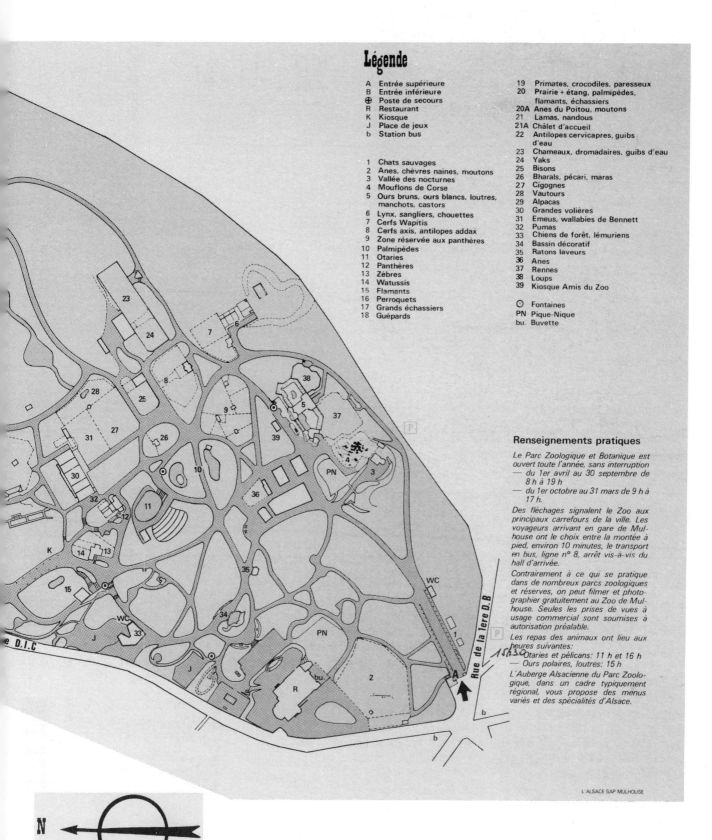

Renseignements pratiques

Le Parc Zoologique et Botanique est ouvert toute l'année, sans interruption
— du 1er avril au 30 septembre de 8 h à 19 h
— du 1er octobre au 31 mars de 9 h à 17 h.

Des fléchages signalent le Zoo aux principaux carrefours de la ville. Les voyageurs arrivant en gare de Mulhouse ont le choix entre la montée à pied, environ 10 minutes, le transport en bus, ligne n° 8, arrêt vis-à-vis du hall d'arrivée.

Contrairement à ce qui se pratique dans de nombreux parcs zoologiques et réserves, on peut filmer et photographier gratuitement au Zoo de Mulhouse. Seules les prises de vues à usage commercial sont soumises à autorisation préalable.

Les repas des animaux ont lieu aux heures suivantes:
— Otaries et pélicans: 11 h et 16 h
— Ours polaires, loutres: 15 h

L'Auberge Alsacienne du Parc Zoologique, dans un cadre typiquement régional, vous propose des menus variés et des spécialités d'Alsace.

L'ALSACE SAP MULHOUSE

N

56

1	2	3
Le Parc Zoologique et Botanique	vous propose	aux heures suivantes
Les repas des animaux	signalent le Zoo	sans interruption
Seules les prises de vues à usage commercial	gratuitement	des menus variés et des spécialités d'Alsace
L'Auberge Alsacienne	est ouvert toute l'année	au Zoo de Mulhouse
Contrairement à	sont soumises	aux principaux carrefours de la ville
Des fléchages	ont lieu	dans de nombreux parcs zoologiques et réserves
On peut filmer et photographier	ce qui se pratique	à autorisation préalable

Assignments

1 **Suivons le guide!**
A zoo-keeper (*un gardien*) gives a guided tour to a group of Parisian schoolchildren, setting out from entrance A. One person plays the part of the guide, indicating and explaining the different parts of the zoo; the others take the parts of the schoolchildren, asking questions about the animals they see (their eating habits/their number/whether they are dangerous/where they come from, etc.)

2 Write a letter in French to «Les Amis du Zoo» setting it out in the normal fashion and including the following material:

- you've recently been to the Mulhouse zoo
- you were given a leaflet about «Les Amis du Zoo»
- you'd very much like to join
- you were particularly pleased to see animals in their natural habitat
- the large aviary was magnificent and you were delighted to see the birds so closely
- the panther enclosure was also very well constructed
- you are sure that children will find the zoo very exciting
- find enclosed (*Vous trouverez ci-joint(e)*) a small donation
- yours sincerely (etc.)

(Find the Head Office's address in the leaflet.)

Le grand livre du mois

58

LA NUIT DU SÉRAIL — 139
MICHEL DE GRECE

Comment une jeune fille enlevée par des pirates, devient une sultane puissante.

La Cuisine des Bons Petits Plats — 121

Ce livre vous aide à faire de chaque repas un plaisir différent et succulent.

Moi, Christiane F. — 01
13 ans, droguée, prostituée...

"Je suis une petite fille perdue dans un monde trop froid. Aimez-moi, sauvez-moi..."

cavanna les yeux plus grands que le ventre — 53

Des couleurs d'enfer et de paradis alliant la plus grande tendresse à la plus humaine lâcheté.

la chambre du haut — 110

Une riche famille américaine cache un mystère angoissant dans "la chambre du Haut".

LOUIS XVI — 74
George Bordonove
Les Rois qui ont fait la France

Le martyr du dernier roi de droit divin, raconté avec objectivité.

John le Carré — LA PETITE FILLE AU TAMBOUR — 30

Une jeune héroïne, révoltée et très douée, lancée dans les services secrets.

Françoise Chandernagor — L'Allée du Roi — 124

Ses galants de jeunesse l'appelaient la belle indienne. Plus tard, elle sera Mme de Maintenon.

Un prénom pour la vie — 104

Tous les prénoms expliqués. A chacun son intelligence, son émotivité, sa sensualité.

Judith Michael — PRÊTE-MOI TA VIE — 10

Deux jumelles décident d'échanger leur vie. Mais on ne joue pas impunément avec le sort.

Boudard — Le café du pauvre — 86

Un coureur de jupons se jette dans le Paris effervescent de la libération.

BERNARD SIMIOT — Ces messieurs de Saint-Malo — 48

L'ascension sociale d'une famille d'armateurs et de corsaires. Un grand roman.

POUR UN EROTISME CONJUGAL — 05
BERTRAND BARANGT

Il y a des couples heureux qui peuvent l'être encore davantage.

Vivez mieux plus longtemps — 91

Des remèdes pour rester jeune très longtemps.

Didier Decoin — Les trois vies de Babe Ozouf — 46

Trois générations de femmes, animées par un même geste : faire naître le feu dans la nuit.

La puce à l'oreille — 72
Claude Duneton

"Prend son pied", "être plein aux as"... La savoureuse histoire des expressions populaires.

JEAN LAFFITTE — la pendaison — 64

Un rescapé des camps raconte un épisode insoutenable de la folie nazie.

REISER — les copines — 118

Ses petits Français râleurs, machos, un rien fubriques. Bande dessinée.

— 21

Douceur des îles des mers du sud, amours sous les parfums des frangipaniers.

Benoîte Groult — Les trois quarts du temps — 71

Des vies pleines de projets, vivifiantes, souveraines. Pour les femmes qui veulent vivre.

REISER — VIVE LES FEMMES! — 119

Le rire et "la gaudriole" se portent toujours bien en France. Album broché en couleur.

MARY HIGGINS CLARK — Un cri dans la nuit — 73

Un palpitant roman qui commence comme un conte de fée et se termine en cauchemar.

Atlas historique — 98

L'histoire de l'Homme d'après les découvertes archéologiques. 96 pages en couleurs.

LES ANIMAUX et leurs petits — 149
Maryse de La Grange Jean Larivière

L'apprentissage de la vie est rude mais aussi plein de tendresse.

MARGUERITE YOURCENAR — Les yeux ouverts — 116

Notre grande Dame de l'Académie française contemple le monde où nous vivons.

CONTES DE PERRAULT — 132

Le Chat Botté, Riquet à la Houpe, Le Petit Poucet... contes et illustrations en couleurs.

Le chant d'un homme — YVES MONTAND — 127

On lit, le cœur battant, la belle aventure de ce jeune homme pauvre devenu super vedette.

Des ronds dans l'eau — 126

Les superbes images très colorées, percées de trous, donnent à l'illustration une 3e dimension !

les sextraordinaires aventures de ZIZI et PETER PANPAN — 113

Le sexe et la politique réconciliés dans cet album audacieux et décapant.

Irène Frain — LE NABAB — 145

Un petit mousse breton devenu grand seigneur au pays des épices et des harems.

Atlas STRATÉGIQUE — 97 180
Gérard Chaliand Jean-Pierre Rageau

Des cartes suggestives, un commentaire intelligent pour mieux comprendre l'histoire actuelle. Attention : cet ouvrage compte pour 2 livres dans cette offre de bienvenue.

mon dernier rêve sera pour vous — 140
Jean D'ORMESSON

Le plus beau rêve de Chateaubriand fut Madame Récamier.

JACQUES LANZMANN — LE LAMA BLEU — 68

Des indiens attendent celui qui va les conduire vers la terre promise.

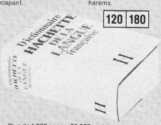

— 120 180
Dictionnaire HACHETTE DE LA LANGUE française

Plus de 1.800 pages. 50.000 mots. Indispensable à toute la famille. Attention : cet ouvrage compte pour 2 livres dans cette offre de bienvenue.

A Identify the French book title from the summary of the contents

1 A wealthy American family with an awful secret hidden away in an upstairs room.
2 A book that tells you how to stay young.
3 A collection of famous fairy tales, including *Tom Thumb* and *Puss in Boots*.
4 A rescue attempt to get two American prisoners out of Iran.
5 A book about everyday phrases and expressions.
6 Indians waiting for the one who will lead them to the promised land.
7 The story of two handicapped people who fall in love.
8 A book about the origins and meanings of Christian names.
9 Life in a Nazi concentration camp, as recounted by a survivor.
10 The story of a French President who had a mistress and an illegitimate child.
11 The 'rags to riches' life story of one of France's top entertainers.
12 An epic novel about the fortunes of a seafaring family.
13 Twin sisters swap places in life, but it all goes wrong.
14 A girl falls in love with a young man who is already engaged.
15 A cookery book that will help you to make every meal a delicious treat.

B Répondez en français

1 Est-ce que les livres offerts sont des textes abrégés?
2 Faut-il tout simplement envoyer 75 francs à la Librairie Universelle?
3 Il s'agit de livres brochés (*paperbacks*)?
4 Combien de numéros de la Revue Littéraire vous offre-t-on gratuitement? Comment vous seront-ils envoyés?
5 Comment peut-on en recevoir plus?
6 Qu'est-ce qu'on trouvera dans cette revue?
7 Faut-il attendre longtemps avant de commander un livre qui vient de paraître à Paris?
8 Que faudra-t-il faire pour recevoir un livre gratuit à l'avenir?
9 Est-ce qu'on sera obligé d'acheter un certain nombre de livres chaque année?
10 Comment peut-on obtenir gratuitement les jeux de cartes?

C Regardez le bon à remplir et trouvez les expressions françaises qui correspondent à celles-ci tirées d'un dépliant anglais

1 without any obligation whatsoever
2 please write in block capitals
3 at the price of an ordinary paperback
4 only one subscription per household
5 made payable to
6 if one of these books should not be available
7 for any order for at least four books
8 if I post this coupon immediately
9 for the price of one
10 for new members only
11 as soon as they come out
12 if I so wish
13 offer lasts until 31st March
14 to be sent off today
15 the equivalent in local currency
16 I enclose herewith payment
17 postage and packing

D Comblez les vides

Exemple:
votre livre *préféré* : votre édition *préférée*

1 un livre *luxueux* : une édition _____
2 un roman _____ : une revue *passionnante*
3 un guide *pratique* : une idée _____
4 un service _____ : une offre *avantageuse*
5 un homme *exceptionnel* : une famille _____
6 des cadeaux _____ : des cartes *exclusives*
7 le texte *intégral* : l'histoire _____
8 les _____ adhérents : les *nouvelles* collections
9 sept numéros *gratuits* : plusieurs éditions _____
10 un service _____ : une campagne *internationale*
11 un garçon *amoureux* : une jeune fille _____
12 le monde _____ : la ville *entière*
13 les problèmes *sociaux* : les inégalités _____
14 un enfant _____ : une maîtresse *secrète*
15 un *beau* livre : une _____ aventure
16 un amour _____ : une situation *ambiguë*
17 un garçon *indien* : une jeune fille _____
18 le _____ roi : la *dernière* reine
19 un couteau *aigu* : une douleur _____
20 des couples _____ : des familles *heureuses*

62

E Suivant l'exemple, complétez les phrases

Exemple:

    seul: remplissez *seulement* ce bon

1 *spécial*: une édition _____ reliée
2 *direct*: vous pourrez commander _____
3 *automatique*: vous recevrez _____ ce cadeau
4 *gratuit*: abonnez-vous _____
5 *égal*: joignez _____ votre règlement
6 *tragique*: une vie _____ manquée
7 *abondant*: une revue _____ illustrée

F Voici quelques titres célèbres de la littérature française. Indiquez la description qui semble correspondre au livre

Le Chômage (Émile Zola)	Une mère jure de venger la mort de son fils.
Fables (La Fontaine)	Une histoire très particulière de la vie et de la mort du célèbre Archevêque de Cantorbéry.
Une Vendetta (Guy de Maupassant)	Une pièce comique dont le personnage principal cache son argent dans le jardin.
Les Misérables (Victor Hugo)	Le portrait d'un homme sans emploi dont la famille meurt de faim.
Becket (Jean Anouilh)	Conflit entre l'amour et le devoir en Espagne.
L'Avare (Molière)	Petits poèmes très drôles, chacun contenant une moralité.
Le Cid (Pierre Corneille)	Le triste sort des pauvres et des défavorisés de Paris au cours de la première moitié du 19e siècle.

Assignments

1 In the same way, produce a list of titles of books, stories and plays that you know and write a brief plot summary or description in French. Muddle them up and get someone else to unscramble them.

2 Design an eye-catching poster in French for use abroad, advertising the merits of *Le Grand Livre du Mois*. Include the following points:

- the introductory offer
- the free magazine
- which books you can order
- hardbacks or paperbacks?
- how to obtain a free book
- no obligation whatsoever
- special gift
- all you have to do

Illustrate with one of the books in the brochure.

4ᵉᵐᵉ
cross du mont-blanc
TROPHÉE GEORGES COSTAZ
chamonix dimanche 4 juillet 1982
(C.I.M.E. A)
jumelé avec sierre-zinal

4ème cross du Mont-Blanc

Les premiers Cross Alpins du Mont-Blanc, c'était déjà "avant-hier".

Cette épreuve restera l'œuvre d'un pionnier, de celui qui a ouvert la voie : notre ami Georges Costaz.

L'audace, l'assurance, la disponibilité de Georges n'avaient d'égal que le puissant caractère d'un homme que rien ne pouvait détourner du chemin qu'il s'était tracé.

C'est au sein de la section du C.A.F. de Chamonix, dont il fut un très grand président, qu'avec une poignée d'amis, il créa cette course.

Dans le cadre prestigieux de pics et de glaciers, face à la chaîne du Mont-Blanc, cette compétition se plaça très vite parmi les plus belles d'Europe : 600 coureurs l'an dernier, peut-être 1000 cette année...

Après l'accident qui lui coûta la vie, son souvenir reste vif, et le meilleur hommage que nous puissions lui rendre est de lui dédier ce Cross du Mont-Blanc, en le dotant du Trophée Georges Costaz.

Bien que l'absence de Georges se fasse toujours sentir, la volonté d'honorer sa mémoire anime ceux qui ont dû reprendre la tâche et leur donne le désir malgré les difficultés de tous ordres. de poursuivre son œuvre et de la conduire vers une réussite digne des précédentes.

64

RÈGLEMENT

ORGANISATION
Le quatrième cross du Mont-Blanc est organisé par la commune de Chamonix, le dimanche 4 juillet 1982, avec le concours :
— du Club des Sports de Chamonix
— de l'Office du Tourisme de Chamonix
— de la section de Chamonix du C.A.F.
— de l'Ecole Militaire de Haute Montagne
— de l'Ecole Nationale de Ski et d'Alpinisme
— de la Chambre Syndicale Hôtelière
— du Club Chamonix Mont-Blanc Marathon
— de la Maison pour Tous
— de la subdivision de l'Equipement

Sous le patronage du Dauphiné Libéré

Comité d'organisation, accueil, renseignements : Le « Majestic ».

La sécurité et l'ordre sont assurés par la Gendarmerie (Brigade et P.G.H.M.). Le service de santé et postes de secours sont assurés par l'hôpital et le P.G.H.M.

PARTICIPATION
Cette compétition est ouverte à toutes et à tous, licenciés ou non. Il est cependant expressément recommandé aux concurrents de se présenter en excellente santé, et parfaitement entraînés : le parcours est long, et peut être très éprouvant selon les conditions atmosphériques (chaleur - froid). Un service de santé sera mis en place, et plusieurs postes de secours seront installés sur le parcours.

Les organisateurs déclinent toute responsabilité en cas d'accident.

INSCRIPTIONS
Le droit d'inscription est de 30,00 frs (trente francs) : règlement à effectuer à l'inscription par chèque bancaire ou postal à l'ordre « Cross du Mont-Blanc », Maison du Tourisme, Chamonix.

Date limite d'inscription : avant le vendredi 2 juillet, en ayant soin de préciser l'âge pour le classement par catégories C.I.M.E.

Le retrait des dossards se fera samedi 3 juillet de 16 à 19 heures au Majestic.

Forfaits 3 jours à Chamonix :
Centrale réservation hôtelière, B.P. 27,
74402 Chamonix
Télex 385022, téléphone (50) 53.23.33

RÈGLEMENT
• **Catégories C.I.M.E.**
1) féminine
2) masculine
  a- juniors : 19 ans et moins
  b- seniors : 20 à 39 ans
  c- vétérans : 40 à 49 ans
              50 à 59 ans
              60 ans et plus

L'utilisation de bâtons de ski et de chaussures à pointes est interdite (les contrevenants ne seront pas classés).
• **Cross Mt-Blanc** : 2 catégories féminines.
- moins de 40 ans
- 40 ans et plus

PARCOURS
La course est classée en catégorie A, elle compte pour le classement européen.

L'itinéraire dont profil ci-contre, est de 23,300 km pour une dénivellation réelle de 1 360 mètres (Chamonix-Planpraz).

Vestiaires et douches au Centre Sportif.

Départ réel, chronométré : 9 heures (heure française) devant la stèle olympique 1924, face au bâtiment de la patinoire couverte. Préalablement, un départ fictif, fixé à 8 heures 30, aura lieu sur la place de l'Eglise, face à la Maison du Tourisme. Les concurrents remonteront la rue Vallot pour se présenter à 9 h à la patinoire.

La fermeture du contrôle est fixée à 14 heures à l'arrivée.

Sur le parcours :
— 4 postes de contrôle fixes
— 4 postes de ravitaillement minimum
— 5 postes sanitaires et de secours

Le transport des vêtements est assuré par les organisateurs. Des sacs en plastique seront fournis, portant le numéro de dossard et acheminés à Planpraz, où ils seront déposés, à l'arrivée, sous une tente.

CLASSEMENT
Il sera établi un classement individuel général et par catégorie, selon le règlement de la C.I.M.E., valable pour tout participant :
1er : 40 points
2e : 36 points   4e : 31 points
3e : 33 points   5e : 30 points, etc...
et un classement spécial par équipe de 3 coureurs d'un même club.

Il est rappelé que cette épreuve est jumelée avec celle du Club de Sierre-Zinal (Suisse), qui aura lieu cette année, le 8 août 1982.

RÉSULTATS ET PRIX
La lecture des résultats et la remise des prix auront lieu à partir de 15 h, devant la Maison du Tourisme.

Un souvenir sera remis à l'arrivée à chaque concurrent.
Des prix seront décernés dans chaque catégorie, et distribués exclusivement sur place, (en aucun cas, expédiés).

RÉSULTATS DES ÉPREUVES PRÉCÉDENTES
1er Cross 1979 :
Cat. masculine :
Stéphan SOLER (Suisse) 1 h 51'00''
Cat. féminine :
Annick LAURENT (France) 3 h 04'08''
2e Cross 1980 :
Cat. masculine :
Nigel GATES (Angleterre) 1 h 51'03''
Cat. féminine :
Marie-Christine SUBOT (Grenoble) 2 h 26'36''
3e Cross 1981 :
Cat. masculine :
Max HORISBERGER (Suisse) 1 h 47'22''
Cat. féminine :
Marie-Christine SUBOT (France) 2 h 14'10''.

A Answer in English

1 Who was Georges Costaz?
2 How popular has this 'half marathon' become?
3 How have the organisers decided to pay tribute to Costaz?
4 When did this 4th marathon take place, and under whose general supervision?
5 What part was played by the newspaper, *le Dauphiné libéré*?
6 Which two vital pieces of advice are given to those hoping to compete?
7 How are you supposed to settle the enrolment fee?
8 What was the latest day for enrolment for this particular marathon, and which important

piece of information had to be supplied?

9 Which two things are prohibited in this race?

10 What is provided for competitors in the Sports Centre?

11 Where is the Olympic stele at which the race begins?

12 How many checkpoints and first aid stations are there?

13 What happens to the competitors' spare clothes?

14 What is the connection with the Sierre-Zinal Club in Switzerland?

15 What is scheduled to happen at 3 p.m. in front of the Tourist Office on the day of the race?

B Répondez en français

1 On prévoyait combien de coureurs pour le cross de 1982?

2 Est-ce que Georges Costaz est toujours vivant?

3 Comment va-t-on lui rendre hommage?

4 Quand est-ce que le 4ème cross a eu lieu?

5 Quel rôle les gendarmes devaient-ils jouer ce jour-là?

6 Pourquoi y avait-il plusieurs postes de secours sur le parcours?

7 Que fallait-il faire pour s'inscrire?

8 Combien de catégories y a-t-il (a) pour les femmes (b) pour les hommes?

9 Qu'est-ce que les coureurs peuvent faire au Centre Sportif?

10 Quelle est la durée maximum de la course?

11 Est-ce que les concurrents doivent se rendre directement à la stèle olympique?

12 Faut-il aller chercher ses vêtements à la ligne de départ après la course?

13 Combien de points sont accordés au concurrent qui arrive (a) en 4e place (b) en 3e place (c) en 2e place (d) en tête?

14 Qu'est-ce qu'on fait à 15h. devant la Maison du Tourisme?

15 Qu'est-ce qu'on donne à tous les concurrents?

C Relevez les termes qui correspondent dans le règlement

1 prizes will be awarded

2 the enrolment fee

3 anybody disobeying this rule will be disqualified

4 9 o'clock French time

5 special 3-day holiday rates

6 an unofficial start

7 the number on the runner's shirt

8 making sure you state your age

9 according to C.I.M.E. regulations

10 . . . do not accept any responsibility for accidents

D Relisez la section intitulée «INSCRIPTIONS» puis comblez les vides sans plus regarder le dépliant

Le droit _____ inscription est _____ 30,00frs: règlement _____ effectuer _____ l'inscription _____ chèque bancaire ou postal _____ l'ordre «Cross _____ Mont-Blanc», Maison _____ Tourisme, Chamonix.

Date limite _____ inscription: _____ le vendredi 2 juillet, _____ ayant soin _____ préciser l'âge _____ le classement _____ catégories C.I.M.E.

Le retrait _____ dossards se fera samedi 3 juillet _____ 16 _____ 19 heures au Majestic.

E Indiquez le verbe au subjonctif qui convient

1 Le meilleur hommage que nous _____ lui rendre

2 Bien que l'absence de Georges se _____ toujours sentir

3 Pourvu que vous _____ votre âge

4 La commune de Chamonix veut qu'on _____ soin tout le long du parcours

5 Les organisateurs souhaitent que chaque concurrent _____ parfaitement entraîné

6 A moins que vous n' _____ moins de 19 ans

7 Afin que tu _____ mieux le parcours

8 Sans que je _____ tellement participer

9 Avant qu'on n' _____ à la patinoire

10 Il faut que les concurrents _____ l'itinéraire

soit
ayez
aille
sachent
fasse
prenne
puissions
voies
précisiez
veuille

F Inventez une définition pour chacun des termes suivants

1 une patinoire
2 un vestiaire
3 un itinéraire
4 un dossard
5 un concurrent
6 un poste de secours
7 un forfait

Chamonix Mont-Blanc

4eme cross du mont-blanc

trophée Georges Costaz
jumelé avec Sierre-Zinal les-cinq-4000

sous le patronage du

dauphine
LIBERE

Chamonix Trélechamp **Planpraz**

FICHE D'INSCRIPTION
(à retourner avec le paiement)

Nom................... Prénom................... Année de naissance...........

Adresse...

Catégories................................. Club.............................

Cross 23 kms 300, ouvert à tous et à toutes, licenciés ou non.

Droit d'inscription : 30 F.F à l'ordre du cross du mont-blanc

RENSEIGNEMENTS ET INSCRIPTIONS
CLUB DES SPORTS : Maison du Tourisme, place de l'église 74400 Chamonix, tél. (50) 53.11.57
RÉSERVATION HÔTELIÈRE : téléphone (50) 53.23.33

Assignments

1 *Prepare and enact a scenario with a partner based on the following situation*:

- a competitor 'phones the Maison du Tourisme at Chamonix to enquire whether his/her enrolment form and fee have been received
- they have arrived and he/she is number 176 in the race. A copy of the regulations will be sent shortly
- the competitor intends to spend a couple of days in Chamonix and wonders if there are any hotel rooms left
- the 'phone number for hotel reservations is (50) 53. 23. 33 but the Maison du Tourisme can make reservations for the smaller hotels
- the competitor would like a single room for Friday to Sunday of the weekend of the race. What about prices?
- there's a special rate for 3 days for that weekend. There is one hotel offering 2 nights for 180 francs, breakfast included
- this sounds fine: does the hotel have a restaurant for evening meals?
- yes, but there are other restaurants in the town itself. Details will be forwarded (*remis*) soon

2 You are designing a leaflet for French competitors for the annual London Marathon. Include information (which you can invent or research!) relating to the following:

- the date
- the time and place of departure
- the route
- the enrolment form and fee
- the facilities provided en route
- the results, prizes and souvenirs
- the sponsors
- advice regarding physical condition and training
- special London hotel rates

voyageurs
les douanes françaises vous informent

travellers
french customs inform you

collez l'affichette verte ou rouge sur votre pare-brise

rien à déclarer	marchandises à déclarer

nothing to declare	goods to be declared

display the green or red sticker on your windscreen

Les douanes françaises

Conducteurs, lisez ce dépliant et faites le lire aux passagers que vous transportez dans votre véhicule.

Si les passagers de votre véhicule ou vous-même n'avez

rien à déclarer

c'est-à-dire si :

• la voiture est assurée (carte verte internationale d'assurances valable en France pour la durée de votre séjour ou document justificatif d'une assurance en France)

• vous transportez des objets ou effets admis sans taxes et sans formalités spéciales

• la réglementation sur le contrôle des changes est respectée

COLLEZ L'AFFICHETTE VERTE
sur votre pare-brise

NB : Le service des Douanes pourra, s'il le juge utile, contrôler les véhicules munis de l'affichette verte.

Si, dans le cas contraire, vous avez des

marchandises à déclarer

ou une formalité douanière à effectuer ou si vous avez un doute

COLLEZ L'AFFICHETTE ROUGE
sur votre pare-brise

VOUS POUVEZ APPORTER DANS VOS BAGAGES, SANS AVOIR A PAYER DE FRAIS DE DOUANE LES MARCHANDISES SUIVANTES :

MARCHANDISES	VOYAGEURS EN PROVENANCE DE	
	PAYS MEMBRES DE LA C.E.E.	ILES ANGLO-NORMANDES
TABACS (1)		
Cigarettes	300 pièces	200 pièces
ou Cigarillos	150 pièces	100 pièces
ou Cigares	75 pièces	50 pièces
ou Tabac à fumer	400 g	250 g
ET BOISSONS ALCOOLISEES (1)		
Vins tranquilles	4 litres	2 litres
et		
• Soit boissons titrant plus de 22°	1,5 litre	1 litre
• Soit boissons titrant 22° ou moins	3 litres	2 litres
ET PARFUMS	75 g	50 g
et Eaux de toilette	37,5 cl	25 cl
ET CAFÉ	750 g	500 g
ou extraits et essences de café	300 g	200 g
ET THÉ	150 g	100 g
ou extraits et essences de thé	60 g	40 g
ET AUTRES DENRÉES ET OBJETS		
• Voyageurs âgés de plus de 15 ans : pour une valeur limite équivalente à	1.030 FF	270 FF
• Voyageurs âgés de moins de 15 ans : pour une valeur limite équivalente à	290 FF	135 FF

CARBURANTS

Les carburants contenus dans les réservoirs normaux ne donnent pas lieu au paiement de frais de douane.
NOTA - Les véhicules fonctionnant au Gaz de Pétrole Liquéfié (G.P.L.) ne peuvent s'approvisionner dans les stations de distribution de G.P.L. en France que s'ils sont conçus pour fonctionner exclusivement au G.P.L.

(1) Seuls les voyageurs âgés de plus de 17 ans ont droit à ces quantités.

sont admis sans formalités particulières*

S'ILS SONT EN COURS D'USAGE :

• Les vêtements et le linge personnel ;
• Les bijoux personnels (maximum 500 grammes) ;
• Divers articles de sport et de plein air ;
• Les voitures d'enfant ;
• Certains appareils portatifs notamment :
deux appareils photographiques avec 10 rouleaux de pellicule par appareil ; un appareil cinématographique de prise de vue de format réduit avec 10 bobines de film ; un instrument de musique ; un électrophone avec 10 disques ; un récepteur de radio ; un téléviseur portable ; un magnétoscope portatif ; une caméra vidéo ; un appareil émetteur récepteur radio téléphonique ; une machine à écrire ; un magnétophone avec 2 bobines ou cassettes ; une machine à calculer de poche ; une paire de jumelles ; tous objets usuels portatifs ;
• Une voiture automobile à usage privé ;
• Une caravane de camping (voir au verso : formalités spéciales) ;
• Une bicyclette ;
• Une motocyclette ou un cyclomoteur (seuls les cyclomoteurs neufs d'une cylindrée de 50 cm3 maximum sont soumis à des formalités douanières) ;
• Une embarcation de plaisance.
CES OBJETS OU APPAREILS DOIVENT ÊTRE RAPPORTÉS DANS LEUR PAYS DE PROVENANCE. ILS NE PEUVENT ÊTRE NI VENDUS NI DONNÉS EN FRANCE.
• Dispositions applicables aux non-résidents.

Contrôle des changes

(Dispositions applicables aux non-résidents)

DEVISES

• BILLETS DE BANQUE FRANÇAIS
Sans limitation

• BILLETS DE BANQUE ÉTRANGERS
Sans limitation
Au-delà d'une valeur équivalente à 5.000 FF, il est recommandé d'établir une déclaration d'entrée en France de billets de banque étrangers sur un formulaire spécial, remis et visé par le bureau de douane d'entrée, sur votre demande. La présentation de cette déclaration est obligatoire à la sortie de France si le montant de vos billets étrangers est supérieur à l'équivalent de 5.000 FF.

AUTRES MOYENS DE PAIEMENT

Chèques, lettres de crédit, etc. : sans limitation.

formalités spéciales

CARAVANES ET AUTO-CARAVANES.

Pour un séjour touristique, aucune formalité ne vous sera demandée. La caravane devra être réexportée à votre départ de France; la vente, la location ou le prêt en sont interdits. Au delà d'un séjour de 6 mois vous devez être en mesure de justifier la situation régulière de la caravane et notamment de l'acquittement des droits et taxes exigibles auprès de l'administration des douanes.

CHIENS ET CHATS

L'entrée en France des animaux de moins de 3 mois est interdite.
Pour ceux de plus de 3 mois, elle est limitée à 3 animaux dont un seul chiot.
La présentation d'un certificat de vaccination contre la rage délivré dans le pays d'origine (ou un certificat attestant que les animaux sont en provenance d'un pays indemne de rage depuis plus de 3 ans) est exigée.

OR

L'importation d'or monétaire (en barre, lingot ou monnaie) est interdite sauf autorisation de la Banque de France.
Les autres articles contenant de l'or sont soumis à des formalités lors du passage en douane. Vous êtes dispensé toutefois de ces formalités pour le transport de vos bijoux personnels dans la limite d'un poids de 500 grammes.

PLUS-VALUE

L'acquisition en France de métaux précieux, bijoux, objets d'art, de collection et d'antiquité est soumise à une réglementation spéciale.
Une taxe de 3 ou 4% sur la valeur de ces marchandises peut donc vous être demandée à votre départ de France sauf s'il est justifié, par une facture notamment, que l'achat a été effectué auprès d'un commerçant.

SONT INTERDITS A TITRE ABSOLU :

• Les stupéfiants
• Les contrefaçons en librairie
• Les armes (autres que de chasse et de tir)

A Answer in English

1 What are drivers asked to do with this leaflet?
2 Which three conditions must be satisfied for you to be able to attach the green sticker to your windscreen?
3 How much tobacco are you allowed to take into France if you've come from (a) the Channel Islands (b) another EEC country?
4 What possibilities regarding duty-free alcohol are open to an English person travelling to France?
5 Are there any age restrictions concerning tobacco and alcohol?
6 Are there any rules to observe regarding pocket cameras?
7 What are you told about the equipment and vehicles listed for personal use?
8 Although there were no currency restrictions at the time, what does the leaflet advise people carrying large sums of foreign currency to do?
9 When might the French authorities decide to run a check on you, if you have brought a caravan to France?
10 What are the restrictions in force as regards taking pets into France?
11 What must be shown at French customs, if you do have animals with you?
12 How can you take gold into France (legally!), if you should so wish?
13 Does this cover jewellery as well?
14 How can you avoid paying 3–4% duty on certain items acquired in France?
15 Name two of the things strictly prohibited by French customs.

B Répondez en français

1 Qui doit lire ce dépliant?
2 Que signifient (a) l'affichette rouge (b) l'affichette verte? Que faut-il en faire?
3 Qui peut apporter (a) 100 grammes de thé (b) 75 grammes de parfum en France sans avoir à payer de frais de douane?
4 Est-ce que n'importe qui a le droit d'apporter des boissons alcoolisées et des tabacs en France?
5 Quels véhicules ne sont pas soumis à des formalités douanières?
6 Y avait-il un contrôle des changes à cette époque?
7 Que devrait-on faire si l'on apporte plus de 5000 francs en billets étrangers en France? Pourquoi?
8 Qu'est-ce qu'on n'a pas le droit de faire de sa caravane au cours d'un séjour touristique en France?
9 Est-ce que l'entrée des animaux est interdite? Y a-t-il certaines conditions à remplir?
10 Pour pouvoir importer de l'or en France, que faut-il faire?
11 Comment peut-on éviter de payer une taxe de 3 ou 4% sur certains objets de valeur acquis en France?
12 Quels voyageurs pourraient être arrêtés sur-le-champ aux douanes françaises?

C Signs of life

Here are certain notices and labels you might see in France. What are they telling you?

1

AVIS SUR LA RAGE

2

3

4

5

Contrôle des passeports

6

Vélos à vendre et à louer

7
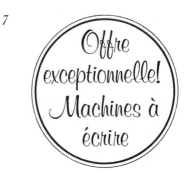

8

voir au verso

9

Date de limite de vente:
_____

10

Si vous n'avez pas de titre de transport, vous êtes en situation irrégulière

RATP

D Indiquez les termes qui correspondent

Customs and excise	titrant 22° ou moins
if you are in any doubt	lors du passage en douane
coming from	il est recommandé de
for private use	s'ils sont en cours d'usage
are subject to	pour une valeur limite (de)
are not subject to	en provenance de
unlimited	sur votre demande
you are advised to	le service des Douanes
in a position to	sont soumis à
38,8 proof or less	à usage privé
if they are in use	si vous avez un doute
worth up to	ne donnent pas lieu à
on request	en mesure de
whilst going through customs	sans limitation

E Cherchez le synonyme dans le dépliant

1 une calculatrice
2 et surtout
3 et autres *marchandises*
4 un séjour *de vacances*
5 un tourne-disque
6 le pays d'origine
7 les drogues
8 les autres articles *qui contiennent* de l'or

F Trouvez le contraire dans la brochure

1 *inférieur* à 5 000 francs
2 les *vieux* cyclomoteurs
3 la présentation de cette déclaration est *facultative*
4 à votre arrivée en France
5 une carte d'assurances *périmée*
6 beaucoup de formalités vous seront demandées
7 ils peuvent être vendus ou donnés en France

Assignments

---

1 *Jouons des rôles!*
A spot-check is made by French customs on the car in which you are travelling. As the French speaker in the party, you are left to cope! Produce a scenario based on the following with a partner:

(*D*=douanier/*V*=voyageur)

D: I see you've attached a green sticker to your windscreen: you understand what this means?
V: Yes, that we have nothing to declare.
D: Can I ask you which country you are travelling from?
V: From the UK: we're about to start a caravan holiday in France.
D: Do you have any duty-free goods in your car?
V: Yes, a litre of whisky, 8 packets of tea as well as some biscuits and tins of food (*des boîtes de conserve*).
D: Do you have any electrical appliances?
V: Just a cassette recorder and a portable TV.
D: How much money are you bringing into France?
V: 1,500 francs and £50 in traveller's cheques.
D: And do you have any animals with you?
V: No, just my younger brother/ sister.
D: (*unamused*): Thank you sir, that will be all (*Ça suffit*).

2 Write an eye-witness account of an incident at French customs, following the guidelines below and using about 130 words:

là où vous étiez/ce que vous faisiez/un homme devant vous et l'air qu'il avait/le contrôle des passeports/ la douane: couloir vert/les questions du douanier/ l'hesitation de l'homme/ l'ouverture de sa valise et la fouille (*search*)/la découverte d'une importante quantité de drogues/l'arrivée de la police/ l'arrestation de l'homme.

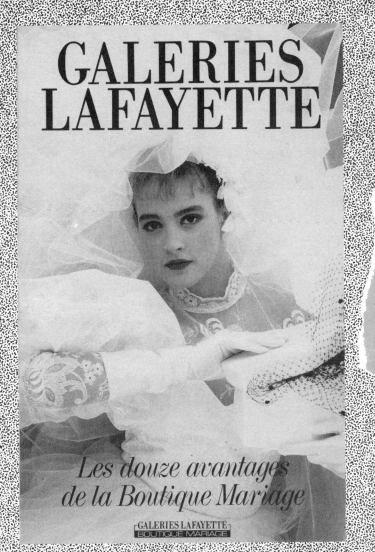

GALERIES LAFAYETTE

Les douze avantages de la Boutique Mariage

GALERIES LAFAYETTE
BOUTIQUE MARIAGE

Galeries Lafayette: la Boutique Mariage

1
Le choix d'un grand magasin
Tout un grand magasin pour choisir les cadeaux utiles et agréables : les Arts de la Table, le linge de maison, l'ameublement, l'électro-ménager, la radio-TV HIFI.*
Vous avez vraiment le choix des formes, des styles et des prix avec les grandes marques et les collections des Galeries Lafayette.
* (dans la mesure où le rayon existe).

2
La garantie des prix
Les articles de votre liste qui vous sont offerts ont leurs prix garantis pendant 1 an.

3
Un escompte de 5 %
Les Galeries Lafayette vous offrent 5 % d'escompte sur le montant total des achats de votre liste

4
2000 F d'avance
Sur votre demande, et pour faire vos premiers achats, les Galeries Lafayette vous proposent 2000 F d'avance dès l'ouverture de votre liste.

5
Une liste personnalisée
Selon vos goûts, vos besoins ou vos envies, nos hôtesses vous orienteront et vous conseilleront pour constituer votre liste, personnalisée et adaptée.

6
La livraison gratuite
Les Galeries Lafayette s'engagent à vous livrer gratuitement les cadeaux dans la ville où la liste a été déposée et son agglomération.

7
1 heure de parking gratuit
Les Galeries Lafayette vous remboursent 1 heure de parking gratuit tous les matins de la semaine (entre 9 h et 12 h).

8
Les adresses utiles
Pour organiser la cérémonie, vous trouverez également à la Boutique Mariage les renseignements utiles pour trouver un photographe, un traiteur, des sociétés de reportage vidéo, d'animations musicales, et la boutique robes de mariées Colombine
à Toulouse Bordeaux Lyon Le Mans Nantes

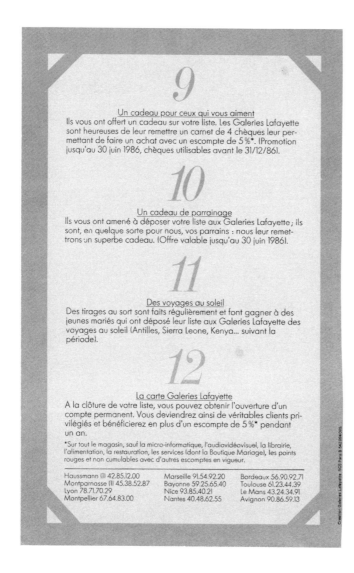

9

Un cadeau pour ceux qui vous aiment
Ils vous ont offert un cadeau sur votre liste. Les Galeries Lafayette
sont heureuses de leur remettre un carnet de 4 chèques leur permettant de faire un achat avec un escompte de 5%*. (Promotion
jusqu'au 30 juin 1986, chèques utilisables avant le 31/12/86).

10

Un cadeau de parrainage
Ils vous ont amené à déposer votre liste aux Galeries Lafayette ; ils
sont, en quelque sorte pour nous, vos parrains : nous leur remettrons un superbe cadeau. (Offre valable jusqu'au 30 juin 1986).

11

Des voyages au soleil
Des tirages au sort sont faits régulièrement et font gagner à des
jeunes mariés qui ont déposé leur liste aux Galeries Lafayette des
voyages au soleil (Antilles, Sierra Leone, Kenya... suivant la
période).

12

La carte Galeries Lafayette
A la clôture de votre liste, vous pouvez obtenir l'ouverture d'un
compte permanent. Vous deviendrez ainsi de véritables clients privilégiés et bénéficierez en plus d'un escompte de 5%* pendant
un an.

*Sur tout le magasin, sauf la micro-informatique, l'audiovidéovisuel, la librairie,
l'alimentation, la restauration, les services (dont la Boutique Mariage), les points
rouges et non cumulables avec d'autres escomptes en vigueur.

Haussmann (1) 42.85.12.00	Marseille 91.54.92.20	Bordeaux 56.90.92.71
Montparnasse (1) 45.38.52.87	Bayonne 59.25.65.40	Toulouse 61.23.44.39
Lyon 78.71.70.29	Nice 93.85.40.21	Le Mans 43.24.34.91
Montpellier 67.64.83.00	Nantes 40.48.62.55	Avignon 90.86.59.13

Création Galeries Lafayette RCS Paris B 542094005.

A Answer in English

1 What must you bear in mind, if you include hi-fi equipment on a wedding list at Les Galeries Lafayette?
2 What guarantee does Les Galeries Lafayette give you concerning prices?
3 What other bonus are you promised?
4 How does Les Galeries Lafayette offer to help you, once you've drawn up your wedding list?
5 What is the job of the 'hôtesses' at the shop?
6 What are you told about delivery charges?
7 Why is it worth taking the car, when you go to la Boutique Mariage?
8 Name three other important arrangements for the wedding that Les Galeries Lafayette can help you with.
9 Are there any time restrictions on the 5% discount offer for your friends and family buying wedding presents at Les Galeries Lafayette?
10 Who also stood to gain a present before the end of June 1986?
11 What can newly-weds also win thanks to the lucky draw at Les Galeries Lafayette?
12 If you have your wedding presents bought at Les Galeries Lafayette and then open an account there, do you get 5% discount on all purchases for the first year?

B Vrai ou faux?

1 On peut acheter une chaîne hi-fi à n'importe quelle succursale (*branch*) des Galeries Lafayette.
2 Le prix des articles sur la liste de mariage reste fixe pour une période de douze mois.
3 Vous ne payez que 95% de la valeur totale des cadeaux sur la liste aux Galeries Lafayette.
4 Les Galeries Lafayette vous proposent également un cadeau de 2 000 F pour que vous puissiez vous offrir quelque chose.
5 Les hôtesses sont là pour aider les jeunes fiancés à faire leur liste de cadeaux.
6 Les Galeries Lafayette sont prêtes à livrer les achats dans la ville que vous leur indiquez.
7 Si vous vouliez amener la voiture, il vaudrait mieux arriver avant midi.
8 La Boutique Mariage est là non seulement pour vous aider à faire vos achats mais aussi pour vous donner des conseils sur d'autres aspects de la cérémonie.
9 Ceux qui achètent un cadeau sur la liste de mariage recevront 4 chèques qu'ils devront utiliser avant le 30 juin 1986.
10 Un cadeau de parrainage est un cadeau qu'on donne à quelqu'un qui vous introduit à une maison de vente par correspondance, par exemple.
11 Il y a une espèce de loterie aux Galeries Lafayette qui peut vous faire gagner un séjour de vacances au soleil.
12 Grâce à l'escompte de 5% sur votre compte permanent, vous pouvez manger moins cher dans un restaurant des Galeries Lafayette.

C Phrases en désordre

Relisez vite le dépliant puis remettez les phrases suivantes dans le bon ordre:

1 vous cadeau ceux pour aiment un qui

Un_____

2 superbe leur remettrons cadeau un nous

Nous_____

3 grand choisir tout agréables un cadeaux pour magasin et les utiles

Tout_____
_____

4 véritables ainsi privilégiés vous clients de deviendrez

Vous_____

5 ouverture d' pouvez permanent l' vous un compte obtenir

Vous_____

6 heure Galeries de l gratuit matins remboursent les semaine Lafayette vous parking les de tous la

Les_____
_____

D Cherchez dans le dépliant une autre façon de dire les phrases suivantes

1 des chèques qu'on doit utiliser avant la fin décembre 1986
2 Quand votre liste sera terminée
3 vous pouvez vraiment choisir les formes, les styles et les prix
4 Les Galeries Lafayette vous promettent de livrer gratuitement les cadeaux
5 Si vous le demandez
6 On fait régulièrement des tirages au sort
7 si le rayon existe
8 chaque matin de la semaine
9 vous pouvez demander à ouvrir un compte permanent
10 Les articles de votre liste qu'on vous offre

E Indiquez les termes qui correspondent

le rayon	department store
l'électro-ménager	caterer
la promotion	furnishings
la marque	bookshop
les renseignements	lucky draw
l'alimentation	sponsor
le grand magasin	special offer
l'ameublement	department
le traiteur	household appliances
le tirage au sort	delivery
la librairie	information
la livraison	brand, trademark
le parrain	food

F Les parties du discours

Pour communiquer on utilise une combinaison de paroles ou de mots qui appartiennent à ce qu'on appelle des catégories grammaticales:

nom   : robe, Mitterrand, Toulouse (etc.)

pronom   : nous, leur, moi (etc.)

adjectif   : petit, tout, ma (etc.)

verbe   : trouver, conseilleront, a été déposée (etc.)

adverbe   : gratuitement, toujours, bien (etc.)

préposition : à, de, sur (etc.)

article   : le, une, de(s) (etc.)

conjonction : mais, si, puisque (etc.)

Copiez le tableau et classez les mots dans les phrases suivantes comme ci-contre

1 Ils vous ont offert un cadeau sur votre liste.
2 Vous pouvez obtenir l'ouverture d'un compte permanent.
3 Les Galeries Lafayette vous remboursent une heure de parking gratuit.
4 Un grand magasin pour choisir les cadeaux utiles et agréables.
5 Vous trouverez également à la Boutique Mariage les renseignements utiles pour trouver un photographe.

Exemple:
Vous deviendrez ainsi de véritables clients privilégiés

Nom	clients
Pronom	vous
Adjectif	véritables privilégiés
Verbe	deviendrez
Adverbe	ainsi
Préposition	
Article	de
Conjonction	

Le Carnet du 𝕸𝖔𝖓𝖉𝖊

Naissances

– Eric FISCHER
et Françoise TOUBOL-FISCHER

laissent à Rebecca la joie d'annoncer la naissance de

Jonathan,

le 28 juillet 1986.

6, rue de l'Abreuvoir,
92100 Boulogne.

Décès

– A. G. Badert,
son époux,
    M. et Mme Jean-Claude Dussart,
ses enfants,
    Mme Georges Fournié,
    M. et Mme Jean Loubignac,
ses frère et belles-sœurs,
    Les familles Fournié, Loubignac, Lefèvre, Badert,
ses neveux, nièces, petits-neveux, petite-nièce,
    Et toute la famille,

ont la douleur de faire part du décès de

Mme A. G. BADERT,
née Emilie-Rolande Fournié,

survenu le 6 août 1986, à l'âge de soixante-dix ans.

L'inhumation aura lieu le lundi 11 août 1986, au cimetière ancien de

Assignments

1 In many French newspapers you find *le Carnet* or *les faire-part* which contain birth, marriage and death announcements. Look at the ones below and summarise in English the information they contain.

2 Vous avez reçu cette invitation à un mariage en France:

Écrivez une réponse à Suzanne et à Jean-Claude, acceptant et les remerciant de l'invitation, indiquant l'heure éventuelle (*likely*) de votre arrivée, demandant une liste de mariage et leur donnant de vos nouvelles (ce que vous avez fait récemment: les vacances, les voyages, le travail, etc.). Commencez et terminez la lettre comme il faut.

M. et Mme. Laurent Dutour   *Mme. Dominique Vignon*

Suzanne   et   Jean-Claude
avec leurs parents
vous invitent à partager la joie de leur union
le samedi 25 octobre 1986 à 14 heures
en l'église évangélique de Jésus-Christ
76, rue Taillard à Strasbourg

Vous êtes cordialement invités au verre de l'amitié
qui sera servi après la cérémonie.

Notre future adresse: 27, rue des Peupliers,
67100 STRASBOURG-NEUDORF

— Paris. Aix-en-Provence. Ajaccio. Propriano. Bocognano. Cargèse (Corse-du-Sud).

Jany Mondoloni,
sa femme,
  Marc et Dominique,
ses enfants,
  Pierre et Paulette Carli,
ses beaux-parents,
  Alain et Jacky Pizanti
et leurs enfants,
ses beau-frère, belle-sœur et neveux,
  Juliette Mondoloni,
sa belle-sœur,
  Le docteur François Mondoloni et sa femme,
ses neveux,
  Les familles Mondoloni, Legrand, Pietri, Rusterucci, Muraccioli, Raynal, Carli, Giacomoni, Matra, Tavand, Giraud, Zonza, Morelli, Pernodat,

ont la profonde douleur de faire part du décès du

docteur Pierre MONDOLONI,
interne des hôpitaux psychiatriques
de la Seine,
ancien médecin chef de service
au centre hospitalier de Gonesse
(Val-d'Oise),
médecin praticien
au centre hospitalier Sainte-Anne,

survenu, entouré des siens, le 31 juillet 1986.

L'incinération a eu lieu le 6 août dans la plus stricte intimité.

Cet avis tient lieu de faire-part.

Boulogne, à 10 h 30 précises, rue de l'Ouest, où l'on se réunira.

Cet avis tient lieu de faire-part.

A. G. Badert,
3, rue du Belvédère,
92100 Boulogne.

— Charlotte Perriand,
Pernette Martin-Perriand,
Jacques et Tessa Barsac,
ont la douleur de faire part du décès de leur époux, père, beau-père et grand-père,

Jacques MARTIN,

le 29 juillet 1986, à Paris.
Les obsèques ont été célébrées à Reims, le 1er août, dans la plus stricte intimité familiale.

Anniversaires

— Marie-Claire **CYWIE-PATALOWSKI** nous a quittés un certain 10 août.

Une pensée émue de la part de ceux qui l'ont connue. Merci.

— Une fidèle pensée est demandée à tous ceux qui ont connu et aimé

Mme Aline SZERYNG,

décédée il y a dix-sept ans.

Georges Szeryng, Paris.
Henryk Szeryng, Mexico, Monaco.

— Pour le troisième anniversaire de la mort de

Georges VALLIN,

une pensée est demandée à ceux qui restent fidèles à sa mémoire et son enseignement.

Maxi débutants
Une formule trois fois améliorée

Un dictionnaire encore plus complet :

• Une nouvelle édition pour couvrir tous les besoins jusqu'au C.M.2., et conforme aux instructions officielles
• Une nouvelle présentation sur deux colonnes, pour habituer l'élève à la lecture verticale
• Un vocabulaire enrichi de 3 000 mots supplémentaires
• Encore plus de synonymes, de contraires et d'expressions
• Un dossier illustré sur l'histoire de la langue française et son implantation dans le monde.
Et toujours, ce qui avait fait le succès du "Nouveau Larousse des débutants" :
• Des phrases-exemples éclairant la définition du mot
• La mise en évidence des familles de mots
• Les planches d'illustrations thématiques en couleurs qui permettent d'aborder des vocabulaires spécifiques.

Et deux auxiliaires efficaces :
• Pour tirer parti de toutes les ressources du Maxi débutants
• Pour faciliter l'utilisation autonome, par l'élève, de ce livre particulier qu'est le dictionnaire.

Le cahier d'exercices Découvrons le dictionnaire

propose un apprentissage complet de l'utilisation du dictionnaire, par :
• La compréhension de la structure et de l'utilité du dictionnaire
• Un entraînement progressif à trouver rapidement les mots, les explications, les exemples et les illustrations que l'on cherche
• La découverte de toutes les ressources offertes par le dictionnaire.

Le logiciel Découvrons le dictionnaire

perfectionne la maîtrise de la recherche dans le dictionnaire, par :
• L'apprentissage de l'alphabet
• La pratique du classement des mots
• La lecture d'articles du dictionnaire.

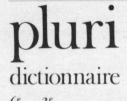

A Answer in English

1 How has Larousse designed the pages in its new dictionary, and why?
2 What are you told about the vocabulary?
3 What else has been increased?
4 What is the 'dossier' at the back of the dictionary all about?
5 How does Larousse help you to understand the exact definition of a word?
6 How do they help you to understand lists of related words?
7 What does the workbook *Découvrons le dictionnaire* train you to do?
8 What else is on offer apart from this workbook?

B Indiquez chaque fois le Larousse qui convient en regardant la gamme (range) de dictionnaires dans le dépliant

1 J'ai seize ans et je voudrais acheter un bon dictionnaire illustré non seulement pour enrichir mon vocabulaire mais aussi pour pouvoir me renseigner sur certains événements et personnalités de l'histoire française.
2 Ma cousine âgée de dix ans va bientôt quitter son école primaire. Elle veut avoir un vocabulaire plus riche et une meilleure connaissance de sa langue maternelle.
3 Je suis en première: l'année prochaine je passerai mon bac*. Quel est le dictionnaire qu'il me faut acheter pour apprendre des termes techniques et scientifiques?
4 Ma soeur qui a douze ans et demi est pratiquement nulle en français. Elle voudrait surtout améliorer sa langue écrite. Quel

dictionnaire devrait-elle acheter?
5 Mon petit frère vient de quitter son école maternelle: il a besoin d'un dictionnaire en couleurs qui l'aiderait à lire et à prononcer correctement les mots.

6 J'ai un ami qui est en quatrième et qui s'intéresse beaucoup à l'histoire-géo et à l'informatique. Y a-t-il un dictionnaire que vous pourriez lui recommander?

(* le baccalauréat: examen qu'on passe à l'âge de 18 ans)

RAPPEL

La structure de l'enseignement élémentaire et des deux premiers cycles du secondaire en France

école maternelle	(enseignement pré-scolaire)	2 à 6 ans
école primaire	(i) cours préparatoire (CP)	6 à 7 ans
	(ii) cours élémentaire 1 (CE1)	7 à 8 ans
	(iii) cours élémentaire 2 (CE2)	8 à 9 ans
	(iv) cours moyen 1 (CM1)	9 à 10 ans
	(v) cours moyen 2 (CM2)	10 à 11 ans
collège	(i) sixième	11 à 12 ans
(premier cycle)	(ii) cinquième	12 à 13 ans
	(iii) quatrième	13 à 14 ans
	(iv) troisième	14 à 15 ans
lycée	(v) seconde	15 à 16 ans*
(second cycle)	(vi) première	16 à 17 ans
	(vii) terminale	17 à 18 ans

(* fin de scolarité obligatoire)

C Comblez le vide en mettant la forme correcte de l'adjectif indiqué

1 une connaissance _____ (intelligent)
2 le compagnon _____ (idéal)
3 les bases (f) _____ du français (fondamental)
4 des tableaux _____ (grammatical)
5 une illustration _____ (riche)
6 la langue _____ (français)
7 il fournit d' _____ renseignements (indispensable)
8 de très _____ exemples (nombreux)
9 un _____ dictionnaire (vrai)
10 conforme aux instructions _____ (officiel)
11 une _____ présentation (nouveau)
12 la découverte de _____ les ressources (f) (tout)

D Regardez les mots et les définitions ci-dessous que vous trouverez dans le *Larousse maxi débutants* et indiquez les terms anglais dans la case (*box*) qui correspondent

algue n.f.   Les **algues** sont des plantes qui vivent dans l'eau.

aliéné adj. et n.   Un **aliéné** est un malade mental (= fou).

alouette n.f.   Les **alouettes** sont des petits oiseaux très répandus dans les campagnes.

amiante n.f.   L'**amiante** est une matière qui peut servir de protection contre le feu.

ampoule n.f.   L'**ampoule** de la lampe: un petit globe de verre qui contient un filament électrique.

amygdale n.f.   Les **amygdales** sont de petits organes situés de chaque côté de la gorge.
                      (R. On prononce [amidal]).

anchois n.m.   Les **anchois** sont des petits poissons de mer.

light-bulb	asbestos	madman	(sky-)lark
seaweed	anchovy	tonsil	

E Maintenant c'est à vous d'inventer une définition digne du *maxi débutants*!

1 dictionnaire (n.m.)
2 géographie (n.f.)
3 alphabet (n.m.)
4 cahier (n.m.)
5 personnalité (n.f.)
6 débutant(e) (n.m./f.)
7 université (n.f.)

F Le franglais

Mélange de français et d'anglais, méprisé par l'Académie française et omis par certains dictionnaires, le franglais fait partie néanmoins de la langue de tous les jours dans l'Hexagone des années 80. Il y a même certains Français qui s'en servent pour «faire snob». Regardez les quelques exemples du franglais ci-dessous et indiquez le français «pur» à droite qui correspond:

FRANGLAIS	FRANÇAIS
le meeting	la planche à roulettes
le software	le baladeur
le businessman	le gérant
le leader	la vedette
le walkman	l'escalier roulant
le living	l'enlèvement
le skateboard	le voyou, le loubard
le pacemaker	la réunion
le box-office	le dirigeant
le hit-parade	l'homme d'affaires
l'escalator	le stimulateur
le manager	la salle de séjour
le kidnapping	le logiciel
le hooligan	le palmarès de la chanson
la star	le guichet

Assignments

1 Imagine you get a summer job in France working in a bookshop. How would you cope with this situation? (Produce a scenario with a partner).

C=client/cliente

V=vendeur/vendeuse

I bought this dictionary for my son last week and I'd like to exchange it for (*échanger contre*) another one.

Yes, can I ask you why you want to change it?

It's too difficult. He doesn't understand it.

The dictionary turns out to be the *Larousse maxi débutants*; the boy is the right age, but he has never used a dictionary before. Here is your chance to promote the workbook and software and to explain their purpose as well as answer any of the customer's questions . . .

2 **Idiotismes à gogo!**
When you go to France you might want to impress your French friends by using a few idioms or colourful expressions when appropriate. Match the French and English idioms below, remembering that they are not literal translations, and make up short sentences using the French idioms effectively as part of them:

on a des atomes crochus	she gave the game away
ça coûte les yeux de la tête	that's the least of my worries
elle a vendu la mèche	she flew off the handle
ils ont donné le feu vert à	it costs an arm and a leg
il a de la faconde	I had a lie-in
je ne suis pas de la dernière couvée	we hit it off well
elle est sortie de ses gonds	they gave the go-ahead to
il a cassé sa pipe	he's got the gift of the gab
j'ai fait la grasse matinée	I wasn't born yesterday
c'est le cadet de mes soucis	he kicked the bucket

Herbesan

LES CONSEILS VERTS D'HERBESAN.

herbesan

2 ALIMENTEZ-VOUS VERT.

Contre la constipation, c'est fou ce que le vert est bénéfique : les fibres des légumes verts, des crudités, des salades et de certains fruits (à préférer frais et bien mûrs) retiennent l'eau dans les intestins et facilitent le transit.

Alors oui aux haricots verts, aux épinards, aux poireaux cuits à point, aux carottes rapées, aux pommes et aux poires. Oui aussi aux fibres dont est riche le pain de son. Par contre, n'abusez pas des féculents, du riz, des pâtes, des pommes de terre, des légumes secs. Les condiments sont à déconseiller. Fumeurs, pas trop de tabac. C'est un irritant gastrique.

En bref, mangez vert. C'est simple, c'est sain et c'est bon.

1 ENTRETENEZ-VOUS VERT.

Une bonne forme physique est nécessaire si l'on désire lutter contre la paresse intestinale. Entretenez-vous en faisant de la gymnastique : tous les exercices qui fortifient les muscles du ventre sont particulièrement bons. Mouvements classiques, natation, marcher tout simplement dans la campagne ou ramer en pleine nature, vous font un joli corps et sont très efficaces contre la constipation.

Rester vert, c'est toujours une bonne idée.

4 METTEZ-VOUS L'ESPRIT AU VERT.

Le moral, c'est important. On sait depuis longtemps que les personnes tendues, angoissées, contrariées souffrent davantage des problèmes digestifs. Mettez-vous l'esprit au vert.

Et puis, prenez le temps. Ne vous pressez pas quand ce n'est pas nécessaire, n'avalez pas vos repas à toute allure, c'est très mauvais. Mangez doucement à petites bouchées, vous digérerez et éliminerez mieux.

3 N'HESITEZ PAS A BOIRE QUELQUES VERRES D'EAU.

La base d'un régime pour lutter contre la constipation est très simple : c'est l'eau. Buvez beaucoup, c'est excellent. Deux litres par jour, c'est parfait. Ne buvez pas forcément d'eau minérale, l'eau du robinet convient très bien. Évitez aussi les boissons gazeuses.

84

HERBESAN INSTANTANE DANS SON FLACON VERT.

Pour vaincre la constipation, il y a aussi Herbesan Instantané avec son étiquette verte. Herbesan Instantané c'est une tisane soluble (c'est pratique), composée à partir de plantes qui ont fait la preuve de leur activité contre la constipation.

Cette présentation moderne sous forme d'infusé en poudre conserve toutes les propriétés des plantes fraîches : Séné folioles - Chiendent - Bourdaine. Herbesan Instantané se dissout instantanément dans l'eau chaude. L'efficacité d'Herbesan est suffisante pour qu'une utilisation prolongée ne soit pas nécessaire. Si votre état persiste, consultez votre médecin. Herbesan est contre-indiqué chez le jeune enfant et en cas d'allaitement.

Herbesan existe également en sachets et en vrac.

herbesan
instantané
Tisane soluble

plantes
Médic... de la constipation

A Answer in English

1 What kind of physical exercise is particularly good for you, according to this leaflet?
2 Give three examples of physical activities that would be especially beneficial.
3 What kinds of food should you be eating, if you're a constipation sufferer?
4 What do these foods have in common?
5 Give four examples of foodstuffs that you should eat only in moderation.
6 Why should you watch out, if you're a smoker?
7 What, and how much, are you advised to drink a day?
8 What are you told about (a) tap water (b) fizzy drinks?
9 Which kinds of people tend to have digestive problems?
10 What eating habits should you cultivate?
11 What is Herbesan?
12 How should you take it?
13 What if it doesn't do the trick after a while?
14 Can Herbesan be taken by anyone?

B Répondez en français

1 Quels sports vous recommande-t-on dans ce dépliant? Pourquoi ceux-ci?
2 Qu'est-ce qu'on entend par «Alimentez-vous vert»?
3 Pourquoi vous conseille-t-on le pain de son?
4 En est-il de même pour la moutarde, le sel et le poivre?
5 Quels conseils devrait-on suivre en ce qui concerne les boissons?
6 Qu'est-ce qui est souvent à l'origine des problèmes digestifs?
7 Qu'est-ce qui se passe quand on mange trop vite?
8 A quoi sert Herbesan?
9 Comment doit-on le prendre?
10 Est-ce qu'il faut aller chez le médecin demander une ordonnance (*prescription*) pour Herbesan?

C Complétez le mot dont la définition est à gauche

1 faire de l'aviron r _ _ _ _
2 produit naturel, riche en fibres s _ _
3 battre, l'emporter sur _ _ _ _ cre
4 qui a de l'effet _ _ _ ic _ _ _
5 qui vous fait du bien _ _ _ _ _ _ qu _
6 légume, emblème du pays de Galles _ _ _ _ eau
7 période avant la nourriture solide a _ _ _ _ _ _ ment
8 bon pour manger _ û _

E Inventez une définition pour les termes suivants

1 gymnastique
2 sain
3 crudités
4 déconseiller
5 gazeux
6 riz
7 régime

D Mot croisé. Voici de quoi amuser les cruciverbistes

(*Solution p. 92*)

Horizontalement
1 Sur une boîte ou un flacon (9)
5 Au milieu d'une réunion? (3)
6 Quantité de nourriture à manger (7)
8 Pour bien digérer il faut faire ceci lentement (6)
10 Elle n'a pas de vêtements (3)
11 Son état d'esprit (5)
14 Extra-terrestre en plus! (2)
15 Sous la poitrine (6)
16 Du fromage réduit en tout petits morceaux (4)
17 Source d'eau dans la baignoire ou le lavabo (7)

Verticalement
1 Un produit riche ou faible _____ fibres (2)
2 Infusion qu'on prend avant de se coucher (6)
3 Choisi ou nommé (3)
4 Période des grandes vacances et de la vie en plein air (3)
6 Pour indiquer l'étonnement on reste bouche _____ (3)
7 Tout ce qui brille n'est pas _____ (2)
8 Bouffer, c'est manger trop et à toute _____ (6)
9 Il faut acheter Herbesan pour _____ contre la constipation (6)
12 De la viande cuite au four (5)
13 Ce que le tunnel sous la Manche va faire pour la France et la Grande-Bretagne (4) **(Écrivez vos réponses en majuscules sans accents.)**

F Pour vous le dire 'vertement'

'Vert' is the operative word in the leaflet. Try to come up with some catchy English equivalents of the following:

1 Rester vert, c'est toujours une bonne idée.
2 C'est fou ce que le vert est bénéfique.
3 Alors oui aux haricots verts . . .
4 En bref, mangez vert.
5 Mettez-vous l'esprit au vert.

Assignments

1 Design some snappy
advertisements for products
(invented or real names) in a
French health food shop. Here
are some ideas:

pain de son
lait écrémé ou demi-écrémé
(*skimmed or semi-skimmed*)
thé vierge
médicaments homéopathiques
miel pur
légumes secs
céréales.

2 Les "Verts", c'est également le
nom du mouvement écologiste
français – comme "die Grünen"
en Allemagne de l'Ouest. Le
leader du mouvement s'appelle
Brice Lalonde: il a gagné environ
4% des suffrages aux élections
présidentielles de 1981.
Votre ami(e) français(e) est
'écolo': aidez-le/la à faire des
affiches ou des badges pour une
manif (*demo*) écologiste en
utilisant les idées ci-dessous:

Non à . . .!
Oui à . . .!
Je suis contre . . .!
Ne tuez pas . . .!
Ne sacrifions pas . . .!
Nous ne voulons pas de . . .!
A bas . . .!
Je n'aime pas . . .!
Qui veut . . .?
La vie n'est pas . . .!
Je suis . . .!
Nous sommes . . .!
Êtes-vous . . .?
Pourquoi (pas) . . .?
Arrêtez le massacre de . . .!
Respectons . . .!
A quoi bon . . .? (*What's the point
of . . .?*)

le nucléaire (civil et militaire)
la pollution
la sauvegarde de la nature
l'avenir de nos enfants
la nourriture artificielle
un monde en béton (*concrete*)
le plomb (*lead*) dans l'essence
le tabagisme (*smoking*)
l'homéopathie
les droits de l'animal
la vivisection
les bébés-phoques (*baby seals*)
un(e) végétarien(ne)
un(e) végétalien(ne) (*vegan*)
l'énergie solaire
le ministère de l'environnement
le cadre de vie (*quality of life*)

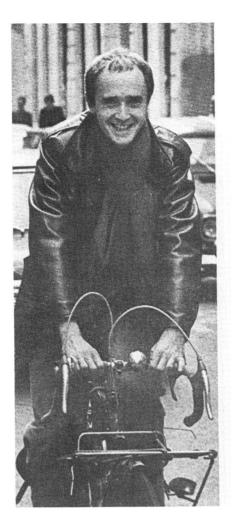

Brice Lalonde

34, ans, journaliste, animateur des
Amis de la terre.

► **Force politique** : les Amis de la
terre comptent cent quatre-vingts
groupes locaux. A eu du mal à s'impo-
ser comme « candidat unique des
Verts » auprès des autres mouvements
écologistes.

► **Thèmes de campagne** : les écologistes doivent passer du témoignage à
l'engagement, constituer des contre-
poids aux pouvoirs de l'Etat. « Droite »,
« gauche » ne signifient plus rien.
L'écologie représente la seule alterna-
tive au système technocratique et pro-
ductiviste.

► **Chances** : le recueil des parrainages
sera difficile si plusieurs candidats
revendiquent l'étiquette écologiste.
Lalonde espère 15 % des suffrages.
Les sondages actuels en accordent 10 à
l'écologie dans son ensemble.

► **Profil** : aimé ou détesté. Pour les
uns, c'est le Petit Prince, pour les
autres, une fabrication du parisianisme
et des médias. Cet ami de la terre, des
sciences et des chats, ex-gauchiste,
ex-P.s.u., a le sens des « coups ». Le
plus beau : le jour où, en direct devant
les caméras de la télévision du mono-
pole, il a mis en marche un transistor
branché sur une radio pirate. Ses amis
parient sur un « effet Lalonde »,
comme il y a eu un « effet Rocard ».

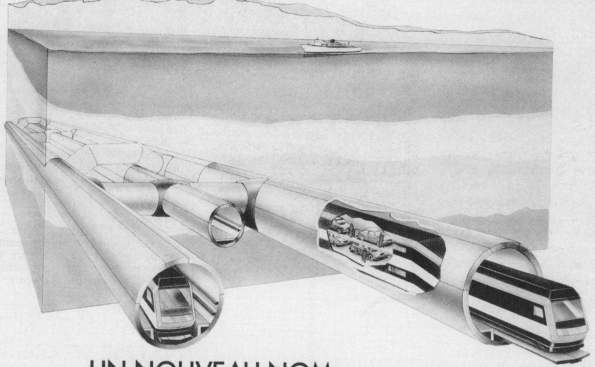

UN NOUVEAU NOM
POUR FRANCE MANCHE
ET THE CHANNEL TUNNEL GROUP
EUROTUNNEL

Le 31 octobre 1985, France Manche (FM) et son homologue britannique The Channel Tunnel Group (CTG) remettaient aux Gouvernements français et britannique leur projet commun de liaison fixe entre la France et la Grande-Bretagne.
Ce double tunnel sous la Manche, d'une longueur de 50 km, assure le transport des véhicules automobiles par des navettes et permet le passage des trains des compagnies ferroviaires nationales.

Le 20 janvier 1986 Madame M. Thatcher et Monsieur F. Mitterrand ont choisi le projet du groupement FM/CTG. Ce projet a été reconnu comme étant techniquement fiable, sûr et attrayant pour les usagers, acceptable pour l'environnement et présentant la meilleure chance d'obtenir le support financier privé nécessaire au bon développement du projet.

Le 12 février 1986, dans l'enceinte de la Cathédrale de Cantorbéry, le traité franco-britannique officialisant le projet de tunnel ferroviaire a été signé en présence de Madame M. Thatcher et de Monsieur F. Mitterrand. Ce traité devra être ratifié au printemps 1987 après l'accomplissement des procédures légales de chacun des pays.

Le 14 mars 1986, la signature de la Concession a octroyé au groupement FM/CTG le droit de construction et d'exploitation du tunnel pour une durée déterminée (page 2).
A cette occasion et conformément à ce qui avait été annoncé dans le projet, ces deux sociétés se sont regroupées sous le nom d'EUROTUNNEL (page 3).

EUROTUNNEL devient ainsi le promoteur du plus grand projet industriel privé du XXᵉ siècle.

Pour informer le public, EUROTUNNEL ouvrira, le 21 juin, un centre d'information à Calais. On pourra y suivre l'évolution du projet au fur et à mesure de l'avancement des travaux (page 4).

EUROTUNNEL :
UNE SOCIETE EN PARTICIPATION

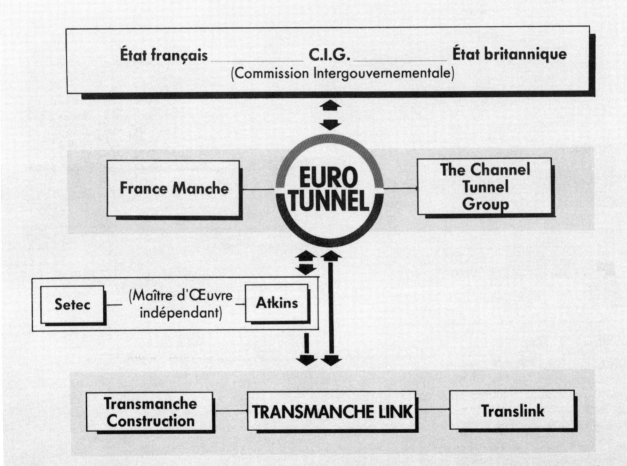

es deux Gouvernements ont signé un Traité pour la réalisation d'une liaison transmanche. Une concession quadripartite lie les deux Etats et les deux sociétés concessionnaires France Manche et The Channel Tunnel Group.
Les deux Etats exercent leurs pouvoirs à travers une Commission Intergouvernementale (C.I.G.).

EUROTUNNEL est une société en participation formée par France Manche et The Channel Tunnel Group.

EUROTUNNEL confie *par contrat* la conception et la construction du Tunnel à Transmanche link.

TRANSMANCHE LINK est une société en participation formée par les deux groupements d'entreprises Transmanche Construction et Translink.

Conformément à la concession, EUROTUNNEL confie la Maîtrise d'Œuvre *par contrat* à un Maître d'Œuvre indépendant, formé de Setec (France) et Atkins (Grande-

Bretagne) assistés par Electrobel et Sir William Halcrow.

Afin de garantir une véritable association et la meilleure gestion, les membres du Conseil d'EURO-TUNNEL et des sociétés concessionnaires France Manche et The Channel Tunnel Group seront les mêmes. Les sociétés ne pourront agir indépendamment que dans des cas précis dépendant du droit français ou britannique.
Le Comité Exécutif sera toujours composé du même nombre de représentants français et britanniques.

EUROTUNNEL OUVRE UN CENTRE D'INFORMATION A CALAIS.

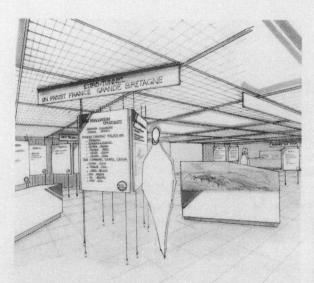

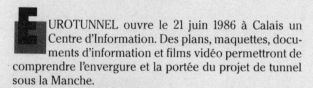

EUROTUNNEL ouvre le 21 juin 1986 à Calais un Centre d'Information. Des plans, maquettes, documents d'information et films vidéo permettront de comprendre l'envergure et la portée du projet de tunnel sous la Manche.

Cette exposition présente :
– le montage franco-britannique,
– le besoin d'une liaison fixe entre la France et la Grande-Bretagne,
– le système de navettes,
– les technologies mises en œuvre pour les travaux,
– les retombées économiques pour la Région Nord-Pas de Calais.

Le contenu de ce centre d'information sera régulièrement mis à jour pour refléter l'avancement du projet.
Une hôtesse se tiendra à la disposition du public, et un livre d'or permettra de recueillir commentaires et suggestions.

LE CENTRE D'INFORMATION EUROTUNNEL DE CALAIS :

Du Mardi au Samedi, de 11 h à 18 h,
et le Vendredi, de 11 h à 20 h.
Adresse : 70, rue Mollien - 62100 Calais
Téléphone : 21 97 80 97
Télécopieur : 21 34 63 29

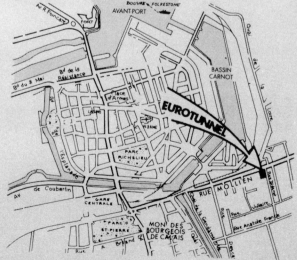

Cette Lettre d'Information (Mai 86) est une publication EUROTUNNEL, Direction de la Communication France Tour Franklin - 100, Terrasse Boieldieu, 92081 Paris-la Défense Cedex 11.

EURO TUNNEL

Vassel Consultant · Tibéd-Liascne, Paris-France. (1)30.42.96.29

90

A   Answer in English

1 What happened on 31st October 1985?
2 What are you told about (a) the tunnel (b) its transport system?
3 Give two of the reasons that prompted Mrs Thatcher and President Mitterrand to opt for this project.
4 Where was the agreement between the two countries signed?
5 When was the name Eurotunnel coined?
6 What is the claim made by Eurotunnel about the project?
7 How will you be able to follow the development of the scheme as from 21st June 1986?
8 What is the rôle of Transmanche Link in this project?
9 How will the executive committee of Eurotunnel be made up?
10 What kinds of things will you find at the Calais information office?
11 Which French region stands to gain economically from the Channel Tunnel?
12 Which two special facilities will you find at the Eurotunnel office in Calais?

B   Répondez en français

1 Combien de temps Mme Thatcher et le président Mitterrand ont-ils mis à choisir le projet d'Eurotunnel?
2 Le tunnel sera-t-il long?
3 Est-ce qu' il s'agit d'un tunnel routier?
4 Est-ce que le projet sera subventionné (*subsidised*) par les gouvernements français et britannique?
5 Où a-t-on signé l'accord entre les deux pays?
6 Quand est-ce que les deux

sociétés se sont rebaptisées Eurotunnel?
7 Comment pourra-t-on suivre les progrès d'Eurotunnel?
8 Que fera Transmanche Link?
9 Est-ce que la société française jouera un rôle plus important que l'anglaise?
10 A quoi serviront les films vidéo et les maquettes au Centre d'Information à Calais?
11 Qu'est-ce que c'est que le Nord-Pas de Calais?
12 Pourquoi y aura-t-il un livre d'or dans le Centre d'Information?

C   Relevez dans le dépliant les termes français qui correspondent à ceux-ci

1 a cross-Channel link
2 a representative
3 a shuttle train
4 a company
5 a model
6 a railway tunnel
7 the economic advantages, spin-offs
8 a counterpart, opposite number
9 the best management
10 at the general public's disposal

D   Comblez les vides après avoir vite relu la brochure

1 ce projet _____ _____ reconnu comme étant techniquement fiable
2 ce traité devra _____ ratifié
3 le Comité Exécutif _____ toujours composé du même nombre de représentants français et britanniques
4 le 12 février 1986 le traité franco-britannique _____ _____ signé
5 conformément à ce qui _____ déjà _____ annoncé
6 le contenu de ce Centre d'Information _____ régulièrement mis à jour

E Complétez le tableau en cherchant le terme qui convient

signer	signature
construire	
concevoir	conception
gérer	
exposer	
lier	liaison
contenir	

suggérer	
développer	
accomplir	
exploiter	
avancer	
réaliser	

F Votre carte d'identité?

Donnez chaque fois une courte description de la personne, de l'établissement ou du lieu:

Exemple: Calais:
un port français sur la côte nord

1 François Mitterrand
2 Margaret Thatcher
3 la Grande-Bretagne
4 le Nord-Pas de Calais
5 Eurotunnel
6 la Cathédrale de Cantorbéry
7 la Manche

TRANSMANCHE EXPRESS

Pourquoi Transmanche Express se distingue des projets concurrents?
Il a été conçu par un transporteur qui ne s'intéresse pas seulement à la construction mais aussi, parce que c'est son métier, à l'exploitation de la liaison Transmanche, sur une longue durée. C'est pour cela qu'il est le plus compétitif et le mieux adapté aux besoins des usagers.

Un récent sondage montre que ...s de 50% des personnes fa-...ables à un lien fixe entre la ...nce et l'Angleterre préfèrent ...TRANSMANCHE EXPRESS ...ori-Grande-Bretagne - dé-...bre 85).

...ransmanche Express est un ... routier d'un seul tenant entre ...rance et l'Angleterre, sans ris-...es d'intempéries, ni attente, ni ...n-navette.

...ransmanche Express est ... ssi un lien ferroviaire qui ...iera Paris à Londres par TGV ...3 heures. Deux tunnels sépa-...seront exclusivement réser-... aux chemins de fer.

...ransmanche Express est le ...jet le plus rentable et le moins ...r pour les usagers.

...ransmanche Express repré-...te une importante source ...mplois et de débouchés pour ...entreprises françaises.

■ Transmanche Express respecte le mieux l'environnement et offre la meilleure sécurité à l'usager.

■ Transmanche Express laisse à l'usager la liberté de choisir entre 3 possibilités: la voiture, le train et le train auto-couchette.

■ Transmanche Express, avec ses 4 tunnels, a la capacité d'absorber la totalité du trafic routier et ferroviaire des 50 années à venir.

■ Transmanche Express a des partenaires de premier ordre: le Crédit du Nord et le groupe SCREG en France, le Crédit Suisse First Boston en Grande-Bretagne.

THE EUROTUNNEL SCHEME

At the beginning of 1986 the British and French Governments selected the Channel Tunnel scheme proposed by the Channel Tunnel Group/French Manche from a number of projects put forward for a Fixed Link between England and France.

The favoured scheme has already been described in the press, in leaflets widely distributed by its proposers, and at exhibitions in Kent. To summarise, however, it comprises:

- Twin 7.3 metre rail tunnels to carry cars, passengers and lorries on recirculating shuttle trains between Cheriton (Folkestone) and Sangatte (near Calais); also through passenger and freight trains linking Mainland Europe with all parts of the UK. The total length of the tunnels is 50 kilometres, of which 37 kilometres is under the sea bed at an average depth of 40 metres. There will be a 4.5 metre diameter service tunnel between them.

Assignments

1 **Un des gros perdants**
Regardez la publicité pour Transmanche Express, le projet que Mme. Thatcher favorisait, nous dit-on. Quelle est la différence la plus fondamentale entre ce projet et celui d'Eurotunnel?

On parlait aussi de la possibilité de faire construire un «Europont», un gigantesque pont reliant l'Hexagone et la perfide Albion (autrement dit, la France et la Grande-Bretagne). Divisez-vous en paires et préparez ensemble un petit discours soulignant le pour et le contre (the pros and cons) (a) d'un tunnel routier (b) d'un tunnel ferroviaire (c) d'un pont.
Pensez surtout aux idées suivantes:

les intempéries (le mauvais temps)/l'attente et les embouteillages/l'environnement/ la sécurité et les risques de sabotage/les grèves (strikes)/les contrôles/la vitesse/la création d'emplois/l'entretien (maintenance).

2 Above is an extract from a booklet prepared by Kent County Council entitled *The Channel Tunnel and the future for Kent*. Using vocabulary and expressions from the Eurotunnel leaflet, communicate the main ideas of the passage to a French person.

Vocabulaire supplémentaire
la presse écrite: the press
comprendre: to comprise
le fond de la mer: the sea-bed
la profondeur moyenne: the average depth
une galerie de service: a service tunnel

Solution aux mots-croisés, p. 85

E	T	I	Q	U	E	T	T	E
U	N	I		L			T	
S		B	O	U	C	H	E	E
A	V	A	L	E	R			
L	N	U	E		M	O	R	A	L
L	E	T				O		I
U		T		V	E	N	T	R	E
R	A	P	E			I		R
E		R	O	B	I	N	E	T